Lustige Kinderfeste

MARIA GORDON

TIPS UND IDEEN

Ein Fest zu feiern, macht riesigen Spaß, besonders wenn die Party unter einem Motto steht und alle Gäste verkleidet kommen. Wenn du eine solche Party planst, dann schau dir dieses Buch an. Suche dir ein Thema aus, nimm die Ideen, die dir gefallen und wandle sie ganz nach deinem Geschmack ab. Wähle andere Farben, Materialien, schau nach, was bei dir zu Hause zu finden ist, denke dir eigene lustige Verkleidungen und Leckereien aus – kurzum, das Buch ist nur ein Anfang, laß deiner Phantasie ganz einfach freien Lauf!

Deutsch von Ursula Matzke
Umschlaggestaltung: Ruth Esser

ISBN 3-86146-1161-7

INHALT

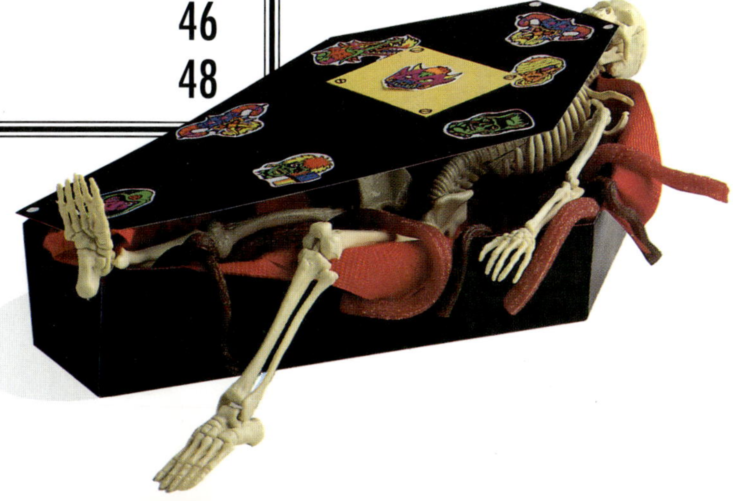

PARTYPLANUNG

In diesem Buch findest du viele ausgefallene Ideen für tolle Kostümfeste. Möchtest du lieber ein Gruselfest, ein Treffen sonderbarer Außerirdischer oder eine feierliche Zeremonie am Königshof veranstalten? Ein flirrendes Fest im Dschungel, eine flippige Popstar-Party oder eine geheimnisvolle Seeräuberzusammenkunft? Entscheide selbst, und dann beginne zu planen. Manche Ideen erfordern etwas mehr Vorbereitung als andere, aber du brauchst in keinem Fall etwas zu nähen und auch nicht viel zu kochen.

EINLADUNGEN

Bevor du Einladungen verschickst, solltest du überlegen, wo die Party stattfinden und wie lange sie dauern soll. Willst du im Freien feiern oder zu Hause, soll sie in einem größeren Raum stattfinden oder in einem Park? Wie viele Personen willst du einladen und wen?

Bereite die Einladungen rechtzeitig vor. Zwei Wochen vor dem geplanten Termin sollten sie dann verschickt werden. Bitte um Rückantwort, wer auch wirklich kommt, damit du genügend Essen, Getränke und kleine Geschenke besorgen kannst.

SCHMINKEN

Dein Kostüm wirkt noch besser, wenn du dein Gesicht schminkst. Wasserlösliche Schminkfarben sind dazu am besten geeignet. Sie lassen sich mit Naturhaarpinseln oder kleinen Schwämmchen einfach auftragen.

Male zuerst den Untergrund und die hellen Farben. Dunklere Töne erhältst du durch mehrmaliges Auftragen. Glitter zum Schluß wirkt ganz besonders gut.

KOSTÜME

Mutter oder Vater werden dir sicher gern helfen, die richtige Party und die dazu nötigen Kostüme und Accessoires auszuwählen. Viele Vorschläge in diesem Buch können leicht abgewandelt werden, damit sie auch zu einem anderen Fest passen. Natürlich kannst du dir auch eigene Kostüme ausdenken und zusammenstellen.

Lege dir alles zurecht, was du brauchst, bevor du mit deinem Kostüm beginnst. Ein Erwachsener sollte dir beim Ausmessen helfen, damit hinterher auch alles gut paßt. Die Farben kannst du dir selber aussuchen – die Abbildungen hier in diesem Buch sollen nur Vorschläge sein.

DEKORATION

Als nächstes kommen Dekorationen, Partytüten und alles, was du für die Spiele brauchst, an die Reihe. Es gibt viele Dinge, die du basteln kannst, um deinem Fest die richtige Atmosphäre zu verleihen und den Raum dem Motto deiner Party entsprechend phantasievoll zu gestalten.

RASTERVORLAGEN

Die Vorlagen in diesem Buch lassen sich mit einem Raster leicht kopieren und vergrößern. Hier steht, wie's geht.

1 Prüfe zuerst einmal, ob das Papier oder die Pappe gefaltet werden muß, und wenn ja, an welcher Stelle.

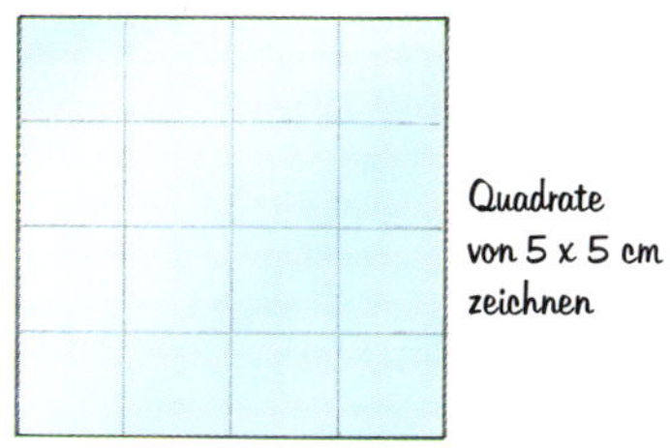

2 Zeichne mit Bleistift und Lineal ein Raster aufs Papier. Jede Seite eines Quadrates muß 5 cm lang sein. Ein Raster mit je vier Quadraten in der Länge und in der Breite mißt also 20 x 20 cm.

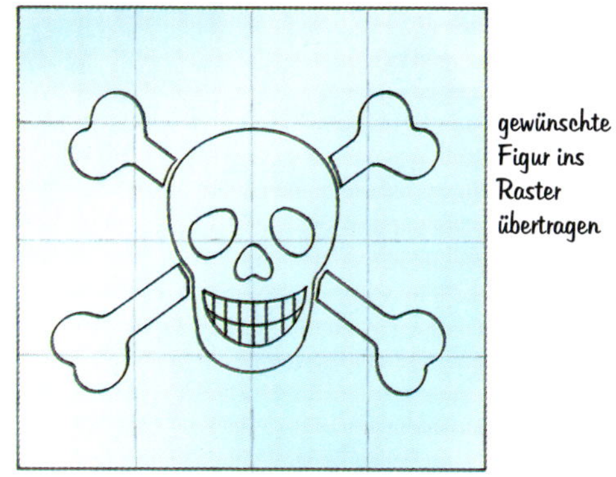

3 Übertrage die gewünschte Vorlage in dein Raster. Achte genau darauf, an welcher Stelle die Linien der Figur die Linien des Rasters berühren müssen.

4 Schneide die fertige Zeichnung aus, radiere die Rasterlinien weg und verwende die Figur nach Bedarf.

LECKERBISSEN

Das Essen und die Getränke werden zuletzt vorbereitet. Mutter oder Vater werden mit dir zusammen alles Notwendige einkaufen und dir bestimmt auch bei der Zubereitung helfen. Manche Vorbereitungen machen soviel Spaß, daß sie erst während der Feier stattfinden sollten, damit alle mitmachen können.

PARTYPLAN

Überlege dir genau, wie deine Party ablaufen soll. Schreibe diesen Plan Punkt für Punkt auf: Möchtest du gleich ein Spiel machen, wenn deine Gäste zur Tür hereinkommen? Möchtest du die Gäste schminken? Wann wollt ihr essen? Wann ist der beste Zeitpunkt, die Geschenke auszupacken?

Wenn der große Tag dann endlich gekommen ist, hänge die Dekoration auf, decke den Partytisch und verkleide und schminke dich rechtzeitig, damit du deine Gäste begrüßen kannst, wenn sie eintreffen.

Und vergiß in dem ganzen Trubel nie: Es ist deine Party, du hast dir viel Arbeit gemacht, und jetzt kannst du endlich mitmachen und genießen!

PIRATEN PARTY

Truhen voller Schätze, Totenkopf-Flaggen und bunte Papageien verwandeln Haus oder Garten in einen geheimen Piratentreffpunkt. Bitte deine Gäste, als Käpt'n oder Schmuggler zu erscheinen. Wenn sie eintreffen, schickst du sie erst einmal auf Schatzsuche, bevor sie sich bei einem Piratenpicknick auf einer geheimnisvollen Insel stärken dürfen.

INSELEINLADUNG

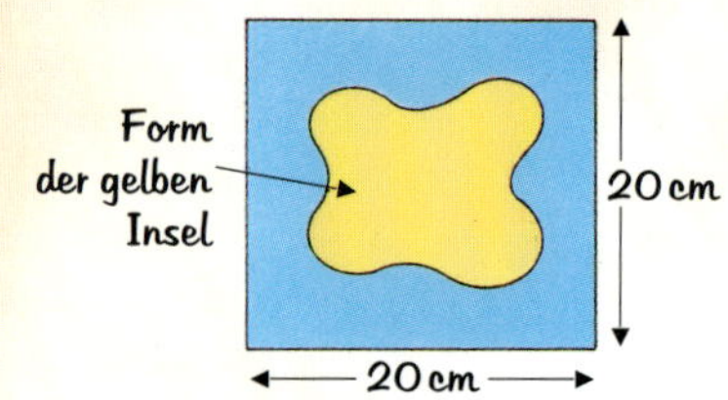

1 Schneide für jeden Gast ein Quadrat von 20 x 20 cm Länge aus blauem Tonpapier aus – das ist das Meer. Darauf klebst du Inseln aus gelbem Tonpapier.

2 Klebe grüne Palmen auf die Inseln und graue Haifischflossen aufs Meer. Dann zeichnest du auf den Inseln geheime Routen und einen Fundort ein.

3 Schreibe Tag, Ort und Uhrzeit deiner Party um die Schatzinsel herum, wickle die Einladungen zu Rollen zusammen, verschnüre sie und überreiche sie so den Gästen.

SCHMUGGLERTIPS

Bitte einen Erwachsenen, einen Korken anzusengen. Mit dem verkohlten Korkenende könnt ihr euch Schnurrbärte und Narben malen.

Aus Gardinenringen lassen sich leicht Ohrringe fertigen. Ziehe einen Faden durch jeden Ring, verknote die Enden und hänge immer zwei Ringe über ein Ohr – sie glitzern und klimpern wie echte Seeräuberohrringe.

KAPITÄNSHUT

Was du brauchst:
roten Fotokarton, schwarzes Kreppapier (75 cm lang, 8 cm breit) schwarze Kunststoffolie, Schere, Kleber, Klebeband, Heftzange, schwarzen Filzstift

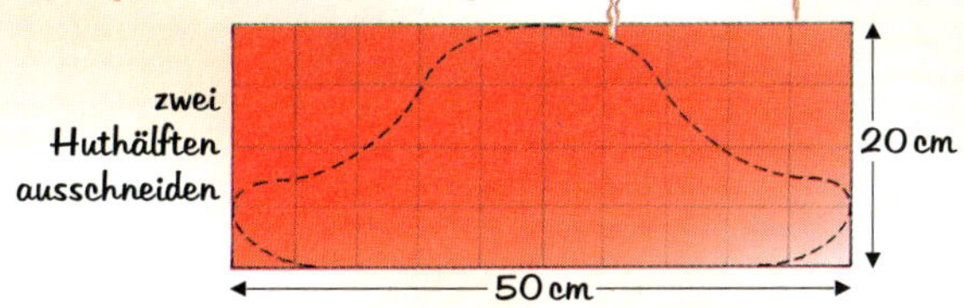

1 Falte den roten Fotokarton in der Mitte, zeichne die abgebildete Form des Kapitänshutes auf und schneide sie aus. Du erhältst zwei Huthälften.

3 Schneide einen Totenkopf (siehe Seite 5) aus schwarzer Kunststoffolie aus und klebe ihn auf die Vorderseite des Hutes.

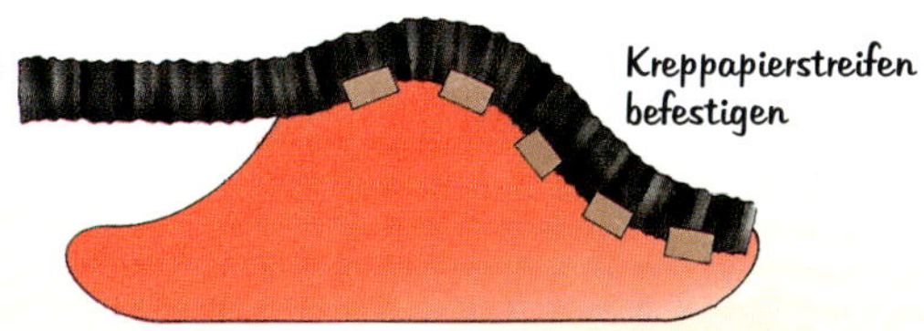

2 Klebe den schwarzen Kreppapierstreifen mit Klebeband wie abgebildet an der Hutvorderseite fest. Oben bleiben etwa 6 cm Streifen sichtbar.

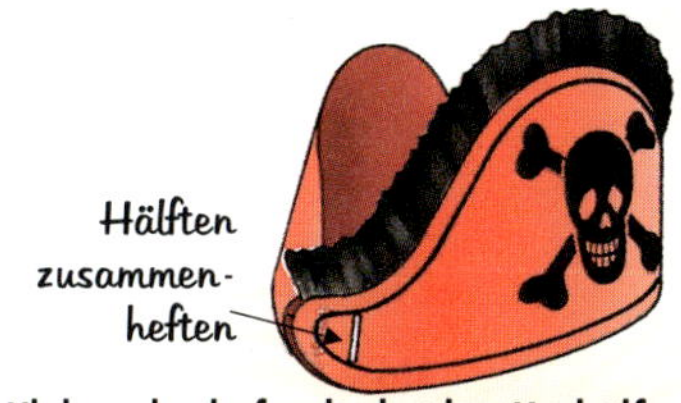

4 Klebe oder hefte die beiden Huthälften an den Seiten zusammen. Ziehe mit Filzstift die geschwungene Form des Hutes am Rand nach.

FERNROHR

Was du brauchst:
3 Küchenpapierrollen
schwarzes Tonpapier oder schwarze Farbe, Pinsel
goldene Bastelfolie (oder Alufolie)
Schere, Klebeband, Kleber

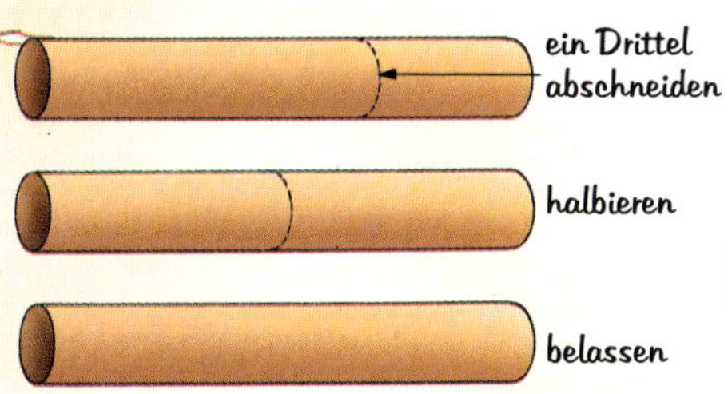

1 Kürze die erste Rolle um ein Drittel, die zweite um die Hälfte; die dritte Rolle bleibt ganz. Nun hast du drei unterschiedlich lange Röhren.

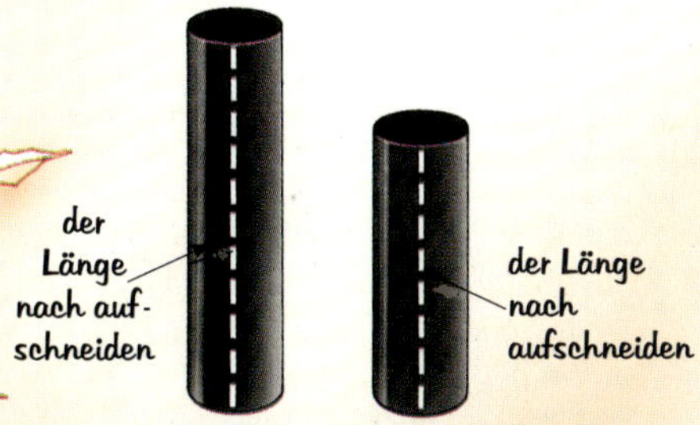

2 Schneide die beiden kürzeren Rollen der Länge nach auf. Beklebe alle drei Rollen mit schwarzem Tonpapier oder male sie schwarz an. Laß die Farbe trocknen.

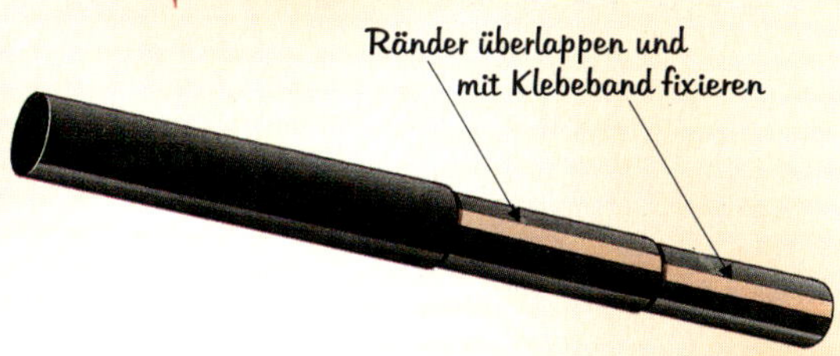

3 Drücke die kleine und mittlere Rolle etwas zusammen, fixiere sie mit Klebeband und schiebe anschließend alle drei Rollen wie abgebildet vorsichtig ineinander.

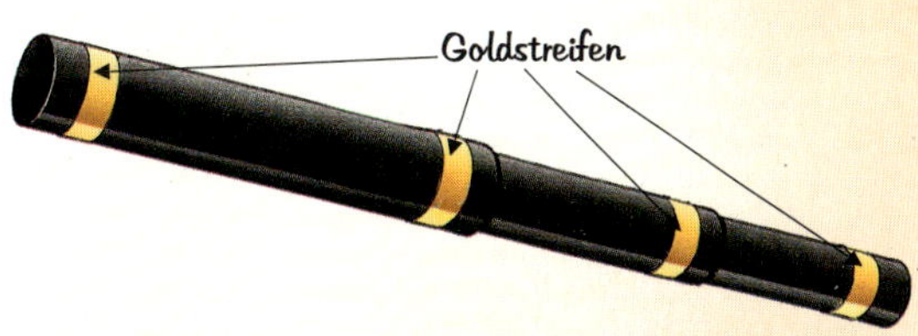

4 Klebe je einen Streifen der Goldfolie wie abgebildet um die Enden der Rollen. Fertig ist das Piratenfernrohr.

SCHMUGGLERKOSTÜM

Ein echter Schmuggler trägt ein gestreiftes T-Shirt, eine alte, ausgefranste Hose, ein buntes Kopftuch, einen farbenfrohen Stoffgürtel, in dem sein Säbel steckt, und einen Seesack für die Beute. Und dann natürlich eine Augenklappe.

PIRATEN TREFF

Verwandle den Partyraum in einen Piratentreffpunkt, indem du ein großes Pflanznetz im Raum aufhängst. Male Fische in schillernden Farben, schneide sie aus und befestige sie in den Maschen. Stelle einen Tisch auf den Kopf, und schon hast du ein perfektes Floß, um das sich die ganze Seeräubermannschaft zum Picknick versammeln kann.

BUNTE PAPAGEIEN

Was du brauchst:
weißen Fotokarton
Bleistift, Lineal und Schere
Filzstifte, Farben oder Wachsmalstifte

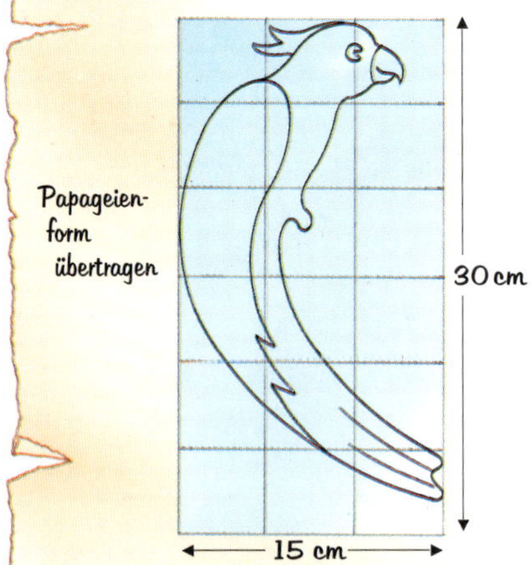

1 Übertrage die Papageienform mit Hilfe eines Rasters auf Fotokarton. Versuche gemeinsam mit einem Erwachsenen, Papageien in verschiedenen Größen zu zeichnen.

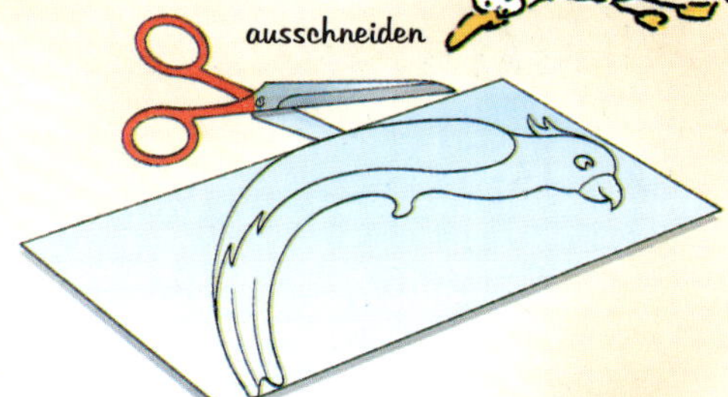

2 Schneide die Papageienform aus, lege sie auf den Fotokarton und zeichne die Konturen nach. Schneide einen Papagei je Gast und einige als Zimmerdekoration aus.

3 Male die Pagageien bunt an. Verteile sie im Raum und laß sie auf ihren Krallen balancieren (mit einer Büroklammer kannst du ihnen Halt geben).

SCHATZTRUHEN

Nimm kleine Schuhkartons – für jeden Gast einen. Schneide den Deckel an zwei Ecken ein und klebe ihn am Kartonunterteil fest.

Bemale oder beklebe die Kartons (z.B. mit Schokotalern), verziere sie mit einem goldenen Textmarker und beschrifte sie jeweils mit den Namen deiner Gäste.

Lege das Innere mit roten Papierservietten aus und fülle leckere Knabbereien in die Schatzkästchen. Am Ende der Party darf jeder Gast seine mit Geschenken gefüllte Truhe mit nach Hause nehmen.

SEEMANNS SPIELE

TIEFSEEUNGEHEUER

Für dieses Spiel brauchst du etwa zehn Quietscher wie sie in Stofftiere eingenäht werden. Man bekommt sie für wenig Geld in Bastel- und Handarbeitsgeschäften.

Breite eine Steppdecke als Meer auf dem Fußboden aus. Verteile die Quietscher unter der Decke und verbinde jeweils einem Gast die Augen. Er wird ein paar Mal im Kreis herumgedreht und zum Meer geführt.

Nacheinander versuchen nun alle, in gerader Linie das Meer zu überqueren – ohne auf einen Quietscher zu treten. Wer es doch tut, scheidet aus, denn er hat ein schlafendes Tiefseeungeheuer geweckt.

HAB ICH DICH, LONG JOHN?

Dieses Spiel wird schon vor der Party vorbereitet. Stopfe ein Bein einer alten Strumpfhose mit vielen Socken, Wollresten oder Lumpen aus und verknote das andere Ende sorgfältig – fertig ist die zünftige Schmugglerkeule!

Dann legen sich zwei Piraten einander gegenüber auf den Bauch, die Arme nach vorne ausgestreckt. Sie halten einander an der linken Hand fest.

Ihre Augen sind verbunden, einer hält die Keule in der rechten Hand. Er ruft: „Hab ich dich, Long John?" Der zweite Pirat antwortet „Ja!", versucht aber gleichzeitig, auszuweichen, bevor der andere seine Keule schwingt, um ihn zu treffen.

Jeder Pirat darf es dreimal hintereinander versuchen. Wer zuerst sechs Treffer landet, hat gewonnen.

SCHATZSUCHE

Bitte einen Erwachsenen, eine Spur für die Schatzsuche auszulegen, die das ganze Haus und möglichst noch den Garten umfassen sollte. Jeder Pirat sollte einen anderen Hinweis erhalten, der zum Schatz führt. Nacheinander übernimmt nun jeder einmal die Führung. Der letzte Hinweis führt zu einem Sack oder einer Truhe – das ist der Schatz, der Partyüberraschungen für alle bereithält.

SCHATZGRÄBER

Wickle für jeden deiner Gäste ein kleines Geschenk in Packpapier ein und vergrabe alle tief in einem großen Eimer mit Sand oder Papierfetzen. Umwickle den Eimer mit braunem Kreppapier und klebe zwei oder drei schmale Streifen schwarzes Kreppapier herum, damit er wie ein Faß aussieht. Zuletzt steckst du noch eine Totenkopf-Flagge in den Sand.

Beim Abschied darf jeder Gast so lange im Eimer graben, bis er einen verborgenen Schatz zum Mitnehmen gefunden hat.

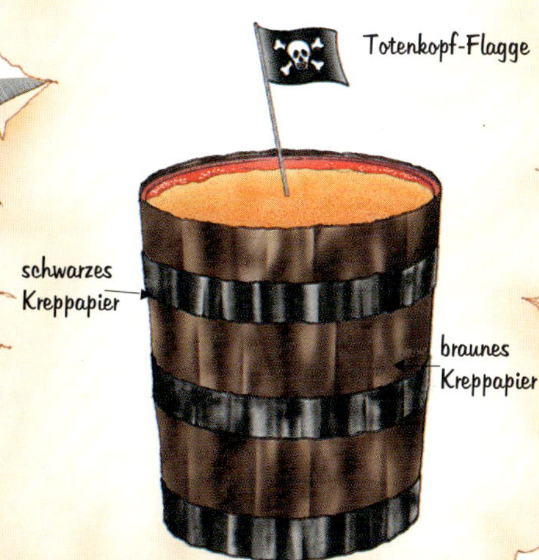

PICKNICK AUF DER INSEL

Stell dir vor, euer Tischfloß (Seite 8) wäre auf einer einsamen Schatzinsel gestrandet. Nun machen die Piraten ein Picknick und essen köstliche Palmenküchlein, die in einem Meer von Wackelpudding schwimmen. Als Proviant füllen sie Segelwürstchen und Brotfische in ihre Schatztruhen.

KOKOSTRUNK

Tauche die Ränder von hohen, schmalen Gläsern, die eine Zeitlang im Kühlschrank gestanden haben, zuerst in Zitronensaft, dann in Kokosraspel. Fülle die Gläser mit eiskaltem Tropenfruchtsaft und schmücke sie mit eingeschnittenen Orangen- oder Zitronenscheiben und mit bunten Trinkhalmen.

SEGELWÜRSTCHEN

Stecke vier gebratene Würstchen mit zwei Holzspießen zu einem Floß zusammen. Eine dünne Scheibe Schmelzkäse wird zu einem Dreieck geschnitten und mit einem weiteren Spieß als Segel in der Mitte des Floßes befestigt.

Statt Bratwürstchen kannst du auch Wiener oder Frankfurter Würstchen zusammenstecken. Die brauchst du nur in heißem Wasser zu erhitzen.

FISCHE IM NETZ

Bestreiche jeweils eine Scheibe Toast mit weichem Belag (Streichwurst, Schmierkäse, Erdnußbutter oder Schokocreme) und lege eine unbestrichene Toastbrotscheibe darauf. Mit Hilfe von Teigausstechern kannst du nun Fischformen aus den Doppeldeckern ausstechen. Bemale und dekoriere die Fische anschließend und verpacke sie in kleine, bunte Obstnetze.

SCHATZINSELN

Was du brauchst:
Tortelette-Sandküchlein
50 g weiche Butter
115 g Puderzucker
1/2 – 1 EL Wasser
evtl. grüne Lebensmittelfarbe
längliche Eiswaffeln, Rosinen
Liebesperlen
dünne Schokowaffeln

1 Butter geschmeidig rühren und den Puderzucker nach und nach unterrühren, bis eine schaumige Masse entsteht.

2 Wasser tropfenweise zufügen, bis ein dickflüssiger Zuckerguß entsteht. Frage, ob du ein wenig grüne Lebensmittelfarbe unterrühren darfst.

3 Bitte einen Erwachsenen, die Eiswaffeln mit dir zusammen so zuzuschneiden, daß Palmenblätter entstehen, und bemale die Blätter und die Küchlein mit Zuckerguß.

4 Klebe eine Rosine in die Mitte jeder Palme. Streue die Liebesperlen auf die Küchlein und ritze sie für die Waffelpalme ein. Stecke die Palmen hinein – fertig sind die Schatzinseln. Setze sie in ein grünes Wackelpuddingmeer mit Haifischflossen, die du aus dünnen Schokoladenwaffeln zurechtschneidest.

GRÜNE LAGUNE

Stürze den Inhalt von etwa sechs Bechern grüner Götterspeise in eine Glasschale und zerkleinere ihn mit einem Messer. In diese grüne Lagune setzt du nun die Schatzinseln mit den Palmen und die zu Haifischflossen zurechtgeschnittenen Schokowaffeln.

Gruselparty

Ein schauriges Gruselfest ist genau das richtige für den Herbst oder Winter, wenn es draußen früh dunkel wird. Schmücke den Partyraum mit schwarzen Luftballons, Gummi- oder Wollspinnen und Fledermäusen aus Stoff, die euch durch die Haare streifen. Deine Gäste sollen als gemeine Hexen, schwärmende Fledermäuse, ächzende Mumien, klappernde Skelette oder heulende Gespenster kommen. Dann servierst du ihnen Gruselfutter.

Einladungsgeist

1 Schneide für jeden Gast ein Rechteck aus Tonpapier aus. Zeichne eine Falzlinie in 2,5 cm Entfernung von einer Längskante auf. Falte das restliche Papierrechteck wie abgebildet einmal in der Mitte.

2 Schneide aus weißem Papier für jeden Gast eine Gespensterform aus, zeichne fröhliche Augen und einen lachenden Mund auf und klebe die Gespenster wie abgebildet auf die Tonpapierkarten.

3 Schneide nun die obere Hälfte der Gespenster aus, so daß sie sich nach oben biegen, wenn man die Karten aufstellt, und schreibe alles Wichtige über deine Party um den Geist herum.

Hexenhut

Was du brauchst:
zwei Bogen Fotokarton, einen großen, schwarzen Plastikmüllsack, orangefarbene Wolle, Schere, Kraftkleber, Klebeband

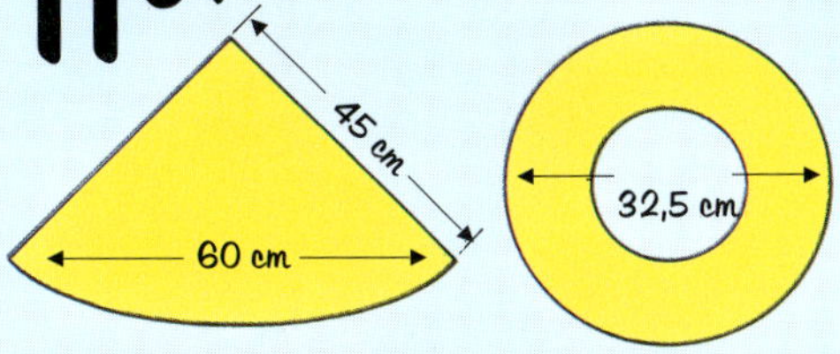

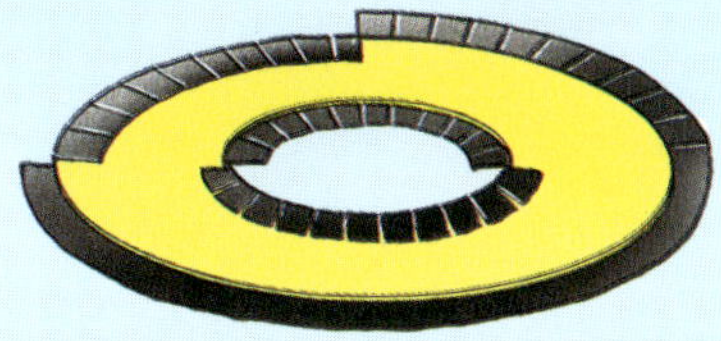

1 Schneide den kegelförmigen Hut und die kreisförmige Krempe aus dem Fotokarton aus. Dann schneide aus der Plastikfolie zwei Kreise aus, einer davon genauso groß wie die Krempe, der andere etwas kleiner.

2 Klebe den größeren Folienkreis auf eine Seite der Kartonkrempe. Schneide einen Kreis in die Mitte, schneide die außen und innen überstehenden Ränder wie abgebildet ein, lege sie um und klebe sie dann fest.

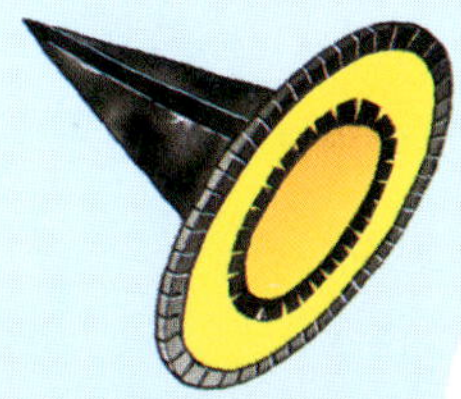

3 Schneide auch die Kegelform aus dem Müllsack aus – aber überall 2,5 cm breiter als den Karton. Schneide die Spitze des Kartons (nicht der Folie) ab und beklebe den Karton wie abgebildet mit der Folie.

4 Rolle und klebe den Karton zur Hutspitze zusammen und schneide 1,5 cm lange Schlitze in die Unterkante. Stecke die Spitze durch die Krempe, lege die Laschen um und klebe sie anschließend fest.

5 Schneide den zweiten Plastikkreis innen ebenfalls ein und klebe ihn unter die Krempe. Der Hut ist fertig. Jetzt kannst du noch schwarze oder feuerrote Wollfäden als strähnige Haare in den inneren Hutrand hineinkleben.

Geistercape

Was du brauchst:
schwarzen Müllsack oder Stoff, Stift oder Kreide, grünes Band, Schere, Kleber

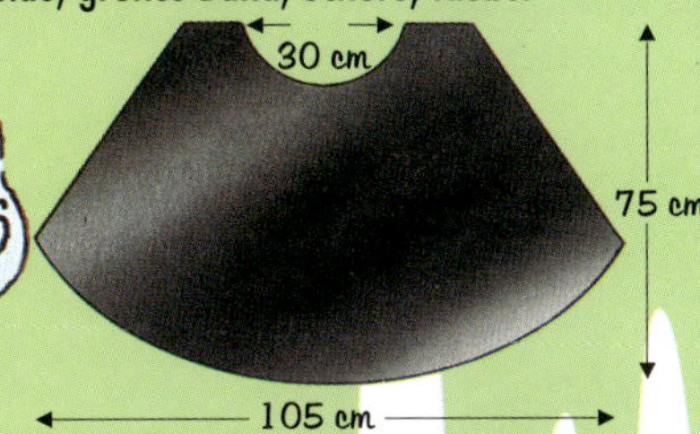

1 Schneide den Müllsack oder den Stoff auf und lege ihn ausgebreitet auf den Boden. Zeichne mit Stift oder Kreide diese Umhangform auf und schneide sie aus.

2 Schneide am oberen Rand kleine Schlitze in das Cape wie abgebildet und fädle grünes Band hindurch. Schneide Fransen in die Unterkante des Umhangs.

Hexentips

Eine Hexe grundiert sich ihr Gesicht grün und schminkt sich schwarz. Sie hat eine Schwäche für Schwarz: T-Shirt, Strumpfhose, Schuhe, fingerlose Handschuhe und Nagellack. Hut und Cape schmückt sie mit geheimnisvollen Glitzerstickern.

Gruselskelett

Zieh ein schwarzes T-Shirt und eine schwarze Strumpfhose an, auf denen du mit doppelseitigem Klebeband große Knochen aus weißem Tonpapier befestigst. Eine weiße Badekappe vervollständigt die schaurige Erscheinung.

Spukspinnen

Was du brauchst:
schwarzes Tonpapier
Schere, Filzstift, Klebeband und Kleber
weiße oder gelbe Farbe
schwarzen Filzstift

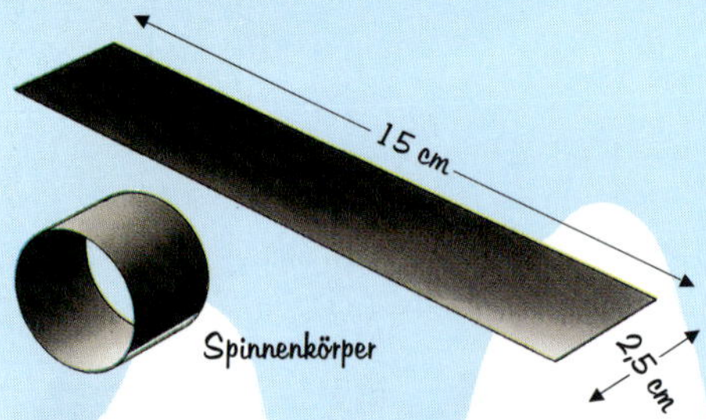

1 Schneide aus schwarzem Tonpapier zwei 15 x 2,5 cm große Streifen aus. Wickle einen Streifen lose um einen Daumen herum und klebe ihn zum Ring zusammen.

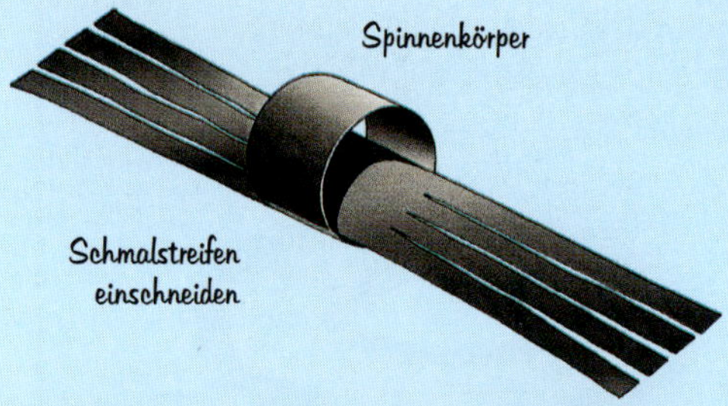

2 Schneide an beiden Schmalseiten des zweiten Streifens vier lange Beine ein. Schiebe den Streifen durch den Körper der Spinne und klebe das Mittelstück fest.

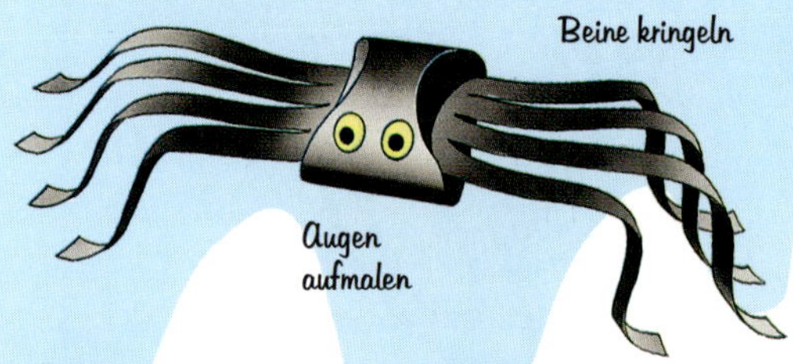

3 Die Beine ringeln sich, wenn du jeden Streifen einzeln zwischen Daumen- und Zeigefingernagel durchziehst. Male oder klebe zwei große Augen auf den Kopf.

Kletterspinnen

Nimm eine Stopfnadel und fädle einen Spukspinnenkörper auf einen Zwirnfaden mit einem Knoten an einem Ende.

Führe den Faden dann durch die Hutspitze und fädle eine zweite Spukspinne auf. Mach einen Knoten an das andere Ende des Fadens. Wenn du nun eine Spinne langsam herabziehst, schwebt die andere sacht nach oben.

Ächzende Mumie

Zieh weiße Strumpfhosen und ein weißes T-Shirt an, schminke dein Gesicht ganz weiß, umrande die Augen schwarz und tupfe ein paar rote „Blutspuren" auf. Winkle Arme und Beine leicht an und bitte jemanden, dich am ganzen Körper mit Klopapier zu umwickeln.

Wickelt das Papier vom Bauch aus die Beine hinunter (unter den Füßen mit Klebeband befestigen). Dann kommt der Oberkörper dran: kreuz und quer über Schultern, Arme und Hände (zwischendurch immer wieder festkleben). Kopf und Hals kommen ganz zuletzt an die Reihe.

Fledermaus

Was du brauchst:
einen schwarzen Plastikmüllsack
6 Streifen (60 x 2,5 cm) aus schwarzem Plakatkarton
schwarzes Tonpapier, Kleber

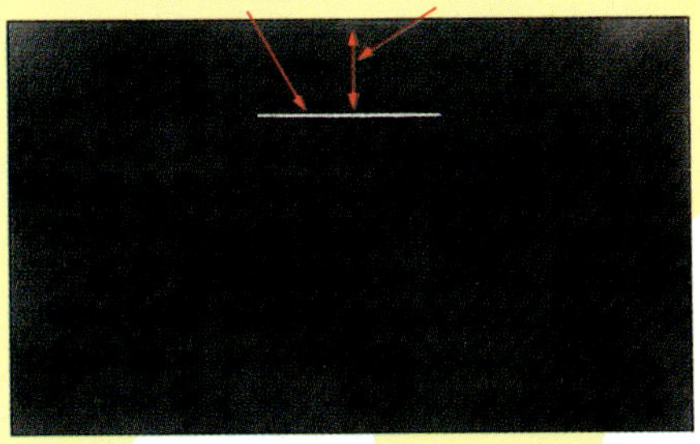

1 Trenne zuerst den Müllsack auf und schneide dann etwa 20 cm von der Oberkante entfernt wie abgebildet einen Schlitz (22 cm) für deinen Kopf hinein.

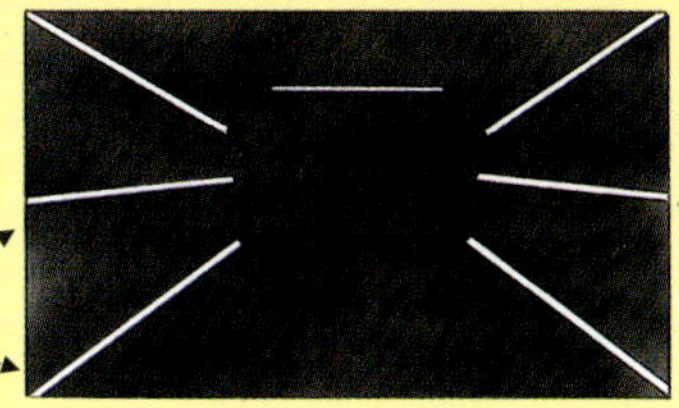

2 Lege die Plakatkartonstreifen wie abgebildet auf den Kunststoff, raffe von hinten nach vorn soviel Kunststoff über die Streifen, daß sie völlig bedeckt sind (siehe Abbildung oben rechts). Anschließend gut festkleben.

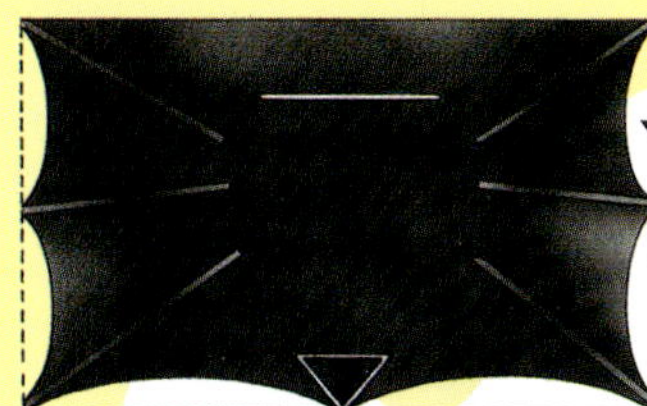

3 Schneide die Kunststoffkanten zwischen den Streifen wie abgebildet halbkreisförmig zurecht. Klebe in der Mitte des Fledermausrückens einen kleinen Schwanz aus schwarzem Tonpapier an.

4 Stecke nun deinen Kopf so durch den Schlitz, daß der Schwanz hinten ist. Befestige die beiden vorne liegenden Streifen an der Unterseite mit Klebeband an dem breiten Plastikstreifen, der über deiner Brust liegt.

Mausohren

Was du brauchst:
schwarzes Tonpapier und Klebeband, einen Haarreifen

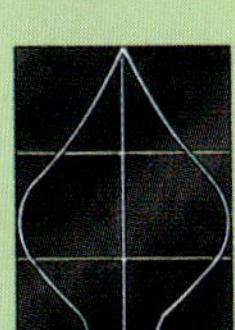

1 Schneide aus schwarzem Tonpapier zwei Ohrenformen aus und falte sie der Länge nach in der Mitte zusammen.

2 Umwickle den Haarreifen mit schwarzem Klebeband. Klebe die Ohren mit Klebeband oben an der Vorderseite des Reifens fest und und biege die Ohren nach vorne.

Schwebende Geister

Schaurige Geister schweben durch den Raum, wenn du Plastikbälle oder Luftballons in einen Kissenbezug steckst und mit einem Band locker abbindest. Stecke gruselige schwarze Augen auf und laß deine Geister an einer dünnen Schnur von der Decke herabbaumeln.

Spuktips

Du kannst Kürbisse oder Rüben aushöhlen und daraus Laternen basteln. Bitte einen Erwachsenen, dir beim Aushöhlen und Ausschneiden von Augen, Mund und Nase zu helfen. Stelle in jede Gemüselaterne eine Kerze. Wenn die Kerzen dann brennen, flackern die erleuchteten Fratzen gespenstisch in der Dunkelheit.

Schauriges Gruselkabinett

Deine Party wird erst richtig schaurig, wenn ihr in einem verdunkelten Raum feiert. Beklebe die Fenster mit Kreppapier oder schwarzer Folie, schneide allerlei gespenstische Figuren hinein und hinterklebe sie mit gelbem Transparentpapier. Auf die gleiche Weise kannst du auch eine gruselige Tischdecke herstellen.

Flederkärtchen

Was du brauchst:
Rechtecke (10 x 20 cm) aus schwarzem Tonpapier, Schere, Bleistift
Kleber oder doppelseitiges Klebeband
goldenen oder silbernen Marker

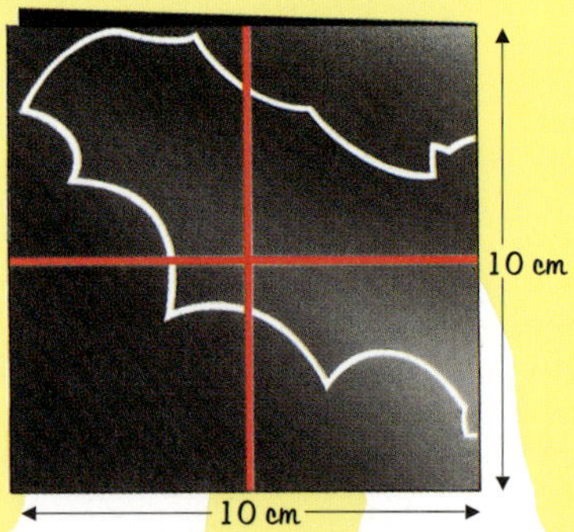

1 Rechteck in der Mitte falten, Fledermaushälfte aufzeichnen, ausschneiden.

2 Falte die Fledermaus auf, nimm sie als Schablone und schneide für jeden Gast eine solche Tischkarte aus. Dann trage mit Gold- oder Silbermarker die Namen ein.

3 Mit Hilfe von Büroklammern kannst du die Tischkärtchen z.B. an Bechern befestigen. Du kannst auch weitere Fledermäuse als Dekoration im Raum verteilen.

Heuler

1 Schneide einen 15 x 3,75 cm großen Papierstreifen zurecht. Falte ihn in der Mitte und schneide ein kleines Dreieck heraus.

2 Falte beide Enden nach außen und drücke sie fest gegen deinen Mund (die Fingerspitzen drücken genau auf die Kanten, vor dem Mund entsteht ein schmales Dreieck). Wenn du nun sachte durch die winzige Öffnung bläst, ertönt ein dumpfer Schrei.

Spielspuk

Im Sarg spukt's

Was du brauchst:
schwarzen Fotokarton, braunes Packpapier, Schere, Klebeband, ein kleines Spielzeugskelett, schaurige Süßigkeiten, Sticker, rote Papierserviette

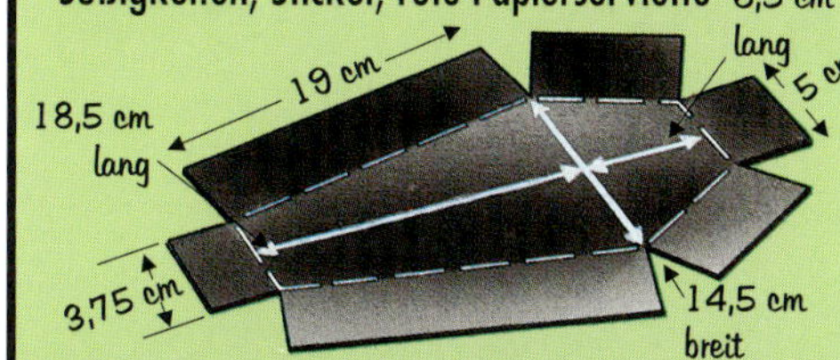

1 Schneide aus schwarzem Karton diese Sargform mit Laschen aus. Lege die Laschen nach oben und klebe sie mit Klebeband zusammen.

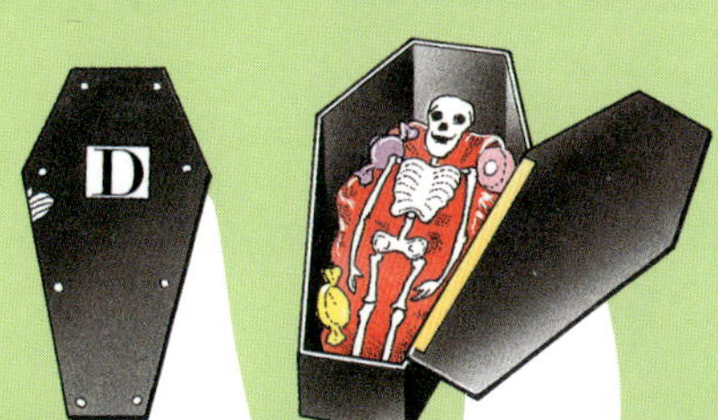

2 Nimm die Sargform als Vorlage und schneide je Teilnehmer einen Sargdeckel aus. Klebe einen der Deckel an der Längsseite des Sarges fest. Lege den Sarg mit der Serviette aus und fülle ihn mit Süßigkeiten und dem Skelett – dies ist der gräßliche Dracula-Sarg.

3 Wickle den Sarg in braunes Packpapier, das du an der Unterseite festklebst. Klebe einen weiteren Sargdeckel obendrauf und schiebe eine Süßigkeit und einen Sticker darunter. Wieder einwickeln (Sticker und Süßigkeit nicht vergessen) und immer so weitermachen, bis alle Deckel verpackt sind.

Spielanleitung:
Alle sitzen im dunklen Raum zu gespenstischer Musik im Kreis. Das Sargpaket wird herumgereicht. Mit Grabesstimme erzählst du, welch gruselige Dinge sich im Sarg befinden: Knochen, stinkendes Getier und Spinnen. Sobald die Musik endet, packt derjenige, der das Paket gerade in der Hand hält, die erste Lage aus. Er findet den Sticker und die Süßigkeit. Dann geht die Musik und das Weiterreichen des Sarges weiter, bis jeder einmal an der Reihe war. Wer zum Schluß den Dracula-Sarg bekommt, darf das Skelett behalten.

Noch mehr Spaß macht das Spiel, wenn du auf jeden Sargdeckel ein kleine Aufgabe schreibst, z.B. „Heule dreimal wie ein Werwolf!".

Tastspaß

Alle sitzen im dunklen Raum im Kreis zusammen. Die Hexe hat eine Schüssel mit gräßlichen Zauberzutaten vor sich. In Wirklichkeit befinden sich in der Schüssel z.B. ein gekochter Blumenkohl (= Gehirn), ein Wiener Würstchen (= Finger), zwei geschälte Weintrauben (= Augen), getrocknete Aprikosen (= Ohren), ein paar gekochte Makkaroni (= Gedärm) und eine Scheibe roher Schinken (= Zunge).

Nun dürfen die Gäste nacheinander die Zauberzutaten ertasten. Die Hexe läßt einen schwarzen Plastiksack herumgehen, in den sie jeweils nur ein oder zwei Zutaten gefüllt hat, und beschreibt dabei in schaurigen Einzelheiten, um welche Körperteile es sich jeweils handelt.

Gruseltüte

Schneide für jeden Gast eine schwarze Kegelform wie für den Hexenhut (siehe Seite 13) aus und rolle sie zu einer spitzen Tüte zusammen. Klebe die Ränder innen mit Klebeband aneinander, biege die untere Kante als Hutkrempe nach außen und hefte schwarze Tonpapierhenkel daran fest. Diese Tüten gibst du mit Fledermauskärtchen, Spukspinnen, Süßigkeiten, Stickern, schwarzen Luftballons und Heulern gefüllt den Gästen als Erinnerung mit nach Hause.

Gruselfutter

Die Tafelrunde wirkt besonders schaurig, wenn du für jeden Platz ein eigenes Tischgespenst bastelst. Nimm eine Mandarine als Kopf, wickle sie in eine weiße Papierserviette, verschnüre sie locker mit einem Gummiband und male oder klebe große Geisteraugen auf.

Hand aus dem Grab

Was du brauchst:
einen ungefütterten Gummihandschuh
zwei Wäscheklammern oder Aktenclips
einen dünnen Holzstab oder eine Stricknadel
grüne Götterspeise (etwa 2 Päckchen)
spitze, scharfe Schere

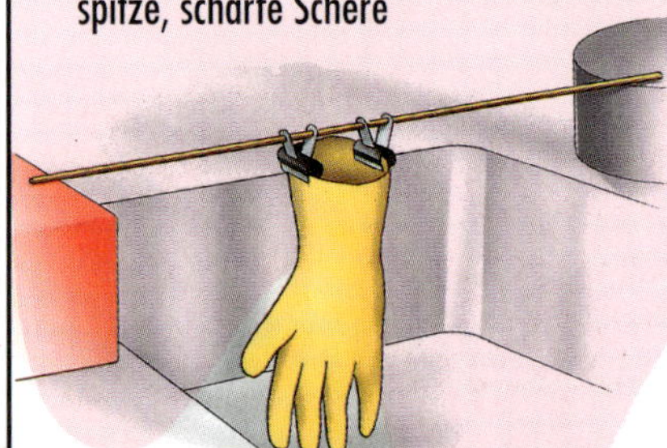

1 Der Stab ruht sicher auf zwei Stützen. Befestige nun den Handschuh mit Wäscheklammern wie abgebildet fest am Stab, so daß er frei schwebt.

2 Bereite nun die Götterspeise zu wie auf der Packung angegeben und gieße sie vorsichtig in den Handschuh, bis alle Finger und die Hand gefüllt sind.

Handschuh aufschneiden

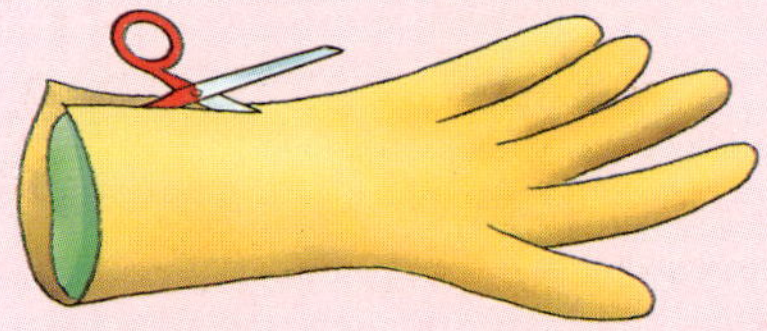

3 Nach einiger Zeit ist die Götterspeise steif. Dann legst du den Handschuh vorsichtig ins Gefrierfach oder die Gefriertruhe. Wenn er hartgefroren ist, übergießt du ihn kurz mit heißem Wasser. Dann kannst du den Handschuh mit einer Schere vorsichtig aufschneiden und ablösen. Serviere die aufgetaute grüne Gruselhand mit etwas Himbeersauce als „Blut".

Hexenschmaus

Ein schauriger Leckerbissen: In schwarzen Pappbechern mit gräßlichen Fratzen servierst du Spaghetti mit Tomatensoße oder Ketchup als „Hirn mit Soße".

Hexengebräu

Als Getränke eignen sich Limonade oder Milchmixgetränke. Für den Milchshake verquirlst du pro Gast 200 ml kalte Milch und zwei Eßlöffel Pfefferminzschokoeis. Setze eine Eiskugel obendrauf und verziere das Hexengebräu mit spinnenartigen Lakritzfäden.

Spukschnitten

Schneide mit einer Schere kleine Gespenster aus Brotscheiben aus. Bestreiche sie mit Frischkäse und setze Rosinen- oder Olivenaugen darauf.

Schleimschnecken

Grille Bananen mit der Schale etwa 10 Minuten lang bei mittlerer Hitze und drehe sie nach der halben Zeit einmal um. Wenn sie richtig braun sind, sind sie fertig. Stecke mit Zahnstochern je zwei kandierte Kirschen als Fühler fest. Dazu passen Schlagsahne und Zucker.

EMPFANG AM KÖNIGSHOF

Ihre Majestät lädt ein! So etwas geschieht nicht alle Tage, und natürlich möchten sich die adligen Gäste der großen Ehre würdig erweisen. Zum Empfang bei Hofe erscheinen sie in schillernden Umhängen mit prachtvollen Schärpen, funkelnden Kronen und glitzerndem Schmuck. Der Palast ist geschmückt mit Fähnchen und Flaggen.

EINLADUNGSROLLE

1 Schreibe mit Kugelschreiber für jeden Gast eine Einladung auf ein weißes DIN A4-Papier. Mit Tee erhalten sie nun ein altehrwürdiges Aussehen.

2 Tauche zwei Teebeutel in eine halbe Tasse heißes Wasser und breite die Einladungen auf einer Lage Zeitungspapier auf dem Küchentisch oder dem Fußboden aus.

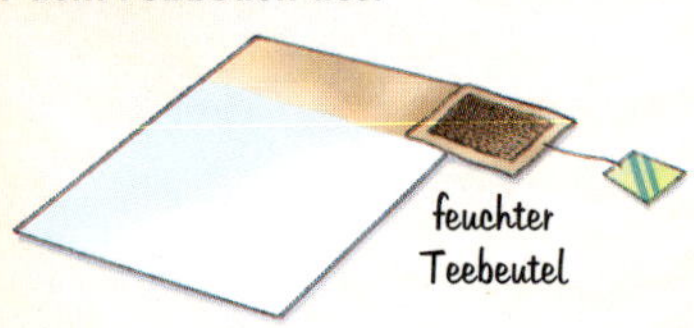

3 Streiche mit den feuchten Teebeuteln über jedes Blatt (Vorder- und Rückseite), laß die Blätter trocknen und dunkle die Ecken mit einem zweiten Anstrich nach. Gib ihnen ein zerknittertes Aussehen.

4 Rolle die Einladungen zusammen und binde rote Bänder darum. Beschrifte sie mit den Namen deiner Gäste und überreiche sie mit einigen feierlichen Worten.

Der königliche Umhang kann in jeder gewünschten Größe und Farbe gefertigt werden.

Königsmantel

Was du brauchst:
11 Streifen farbige Verpackungsfolie (Plastikmüllsäcke), jeweils etwa 75 x 35 cm groß
Wattestreifen, weißes Tonpapier, Klebekissen, Klebeband, Kraftkleber
Schere, Heftzange

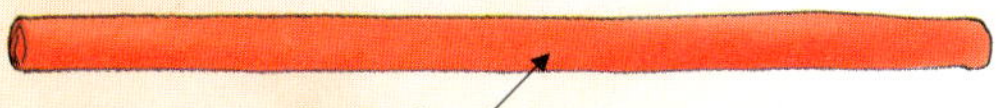

1 Halsausschnitt: Falte einen Folienstreifen der Länge nach zusammen, bis er nur noch 5 cm breit ist.

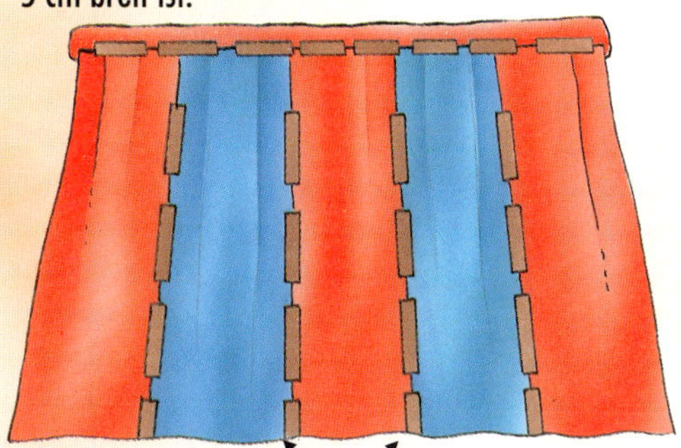

2 Klebe fünf um etwa 1 cm geraffte Folienstreifen mit Klebeband am Halsausschnitt fest. Breite die Streifen nun so auf der Arbeitsfläche aus, daß sie wie ein Umhang nach unten zu breiter werden, und klebe sie dann mit Klebeband so aneinander fest, daß sie sich ein wenig überlappen.

3 Klebe nun unten an den Umhang eine zweite Reihe farblich passender Folienstreifen. Diesmal werden die Streifen nicht gerafft. Achte auch darauf, daß sich die Streifen nicht mehr überlappen, damit ein weiter, wehender Umhang entsteht.

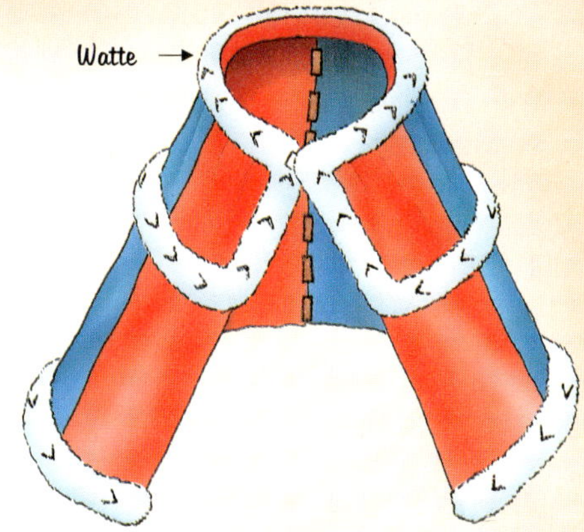

4 Klebe mit Kraftkleber 5 cm breite Wattestreifen auf Halsausschnitt und Brust. Klebe einen 10 cm breiten Wattestreifen am unteren Rand fest. Male mit schwarzem Filzstift V-förmige Zeichen auf die Watte oder klebe Papierstreifen darauf.

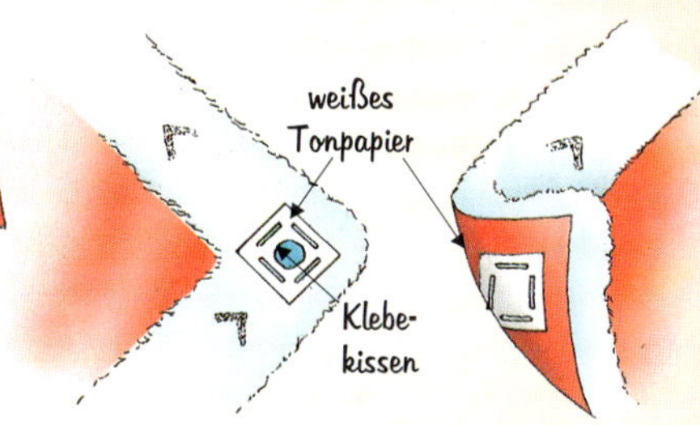

5 Schneide zwei Quadrate (5 x 5 cm) aus weißem Tonpapier aus und befestige sie mit der Heftzange an den Ecken des Halsausschnittes. Schließe den Umhang, indem du die beiden Quadrate mit einem Klebekissen aufeinanderdrückst.

Juwelenbrosche

Schneide einen Kreis aus Folie oder Pappe aus und beklebe ihn mit einer bunten Süßigkeit.

Klebe zwei lange Schleifenbänder, in deren Enden du ein „V" schneidest, auf der Rückseite fest. Befestige die Brosche mit einer Sicherheitsnadel am Umhang.

Glitzerarmband

Schneide zwei Toilettenpapierrollen der Länge nach auf und kürze sie auf etwa 9 cm Länge.

Klebe eine dünne Schnur mit vielen Schlaufen auf jede Rolle. Darüber klebst du Alufolie und dann leuchtende Süßigkeiten und Pailletten als Juwelen.

Goldschatz

Verrühre 3 Eßlöffel Salz mit 1/2 Tasse Essig und lege eine Handvoll Kupferpfennige hinein.

Nach einer Weile strahlen die Münzen wieder wie neu! Verwende sie als Dekoration oder als königlichen Schatz, den du großzügig an deine Gäste verteilst.

Rock der Königin

Was du brauchst:
10-11 weiße Folienstreifen (75 x 35 cm)
Papierservietten
Klebeband, doppelseitiges Klebeband
und Kleber

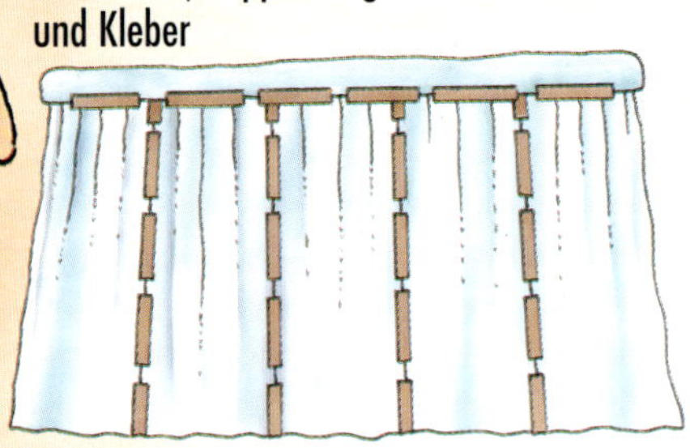

1 Der Wickelrock entsteht wie in Schritt 1 und 2 des königlichen Umhangs beschrieben (siehe Seite 21).

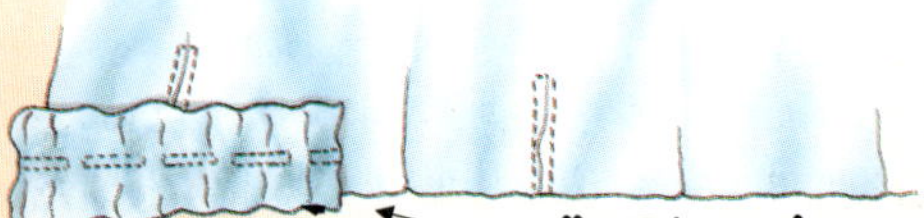

2 Spitzensaum: Lege einen Streifen der Länge nach an die Rockunterkante und raffe ihn in der Mitte der Länge nach zusammen, bis er nur noch 25 cm lang ist.

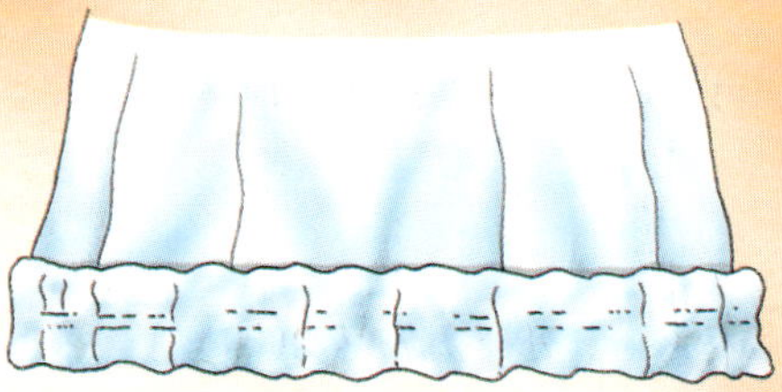

3 Klebe die gerafften Streifen mit doppelseitigem Klebeband so an der Rockunterkante fest, daß der Rock die richtige Länge für dich hat. Du solltest nicht darüber stolpern.

4 Klebe rote Schleifen vorne auf den Rock. Wickle dir den Rock um die Taille und verschließe ihn hinten an der Innenseite des Bundes mit Klebeband.

Königskrone

Was du brauchst:
dünnen, goldfarbenen Karton (oder einfachen, mit goldener Bastelfolie beklebt)
rotes Kreppapier (50 x 45 cm)
ein Papierquadrat (8 x 8 cm)
Wattestreifen, leuchtende Bonbons
schwarzen Filzstift, Schere, Kleber und Klebeband

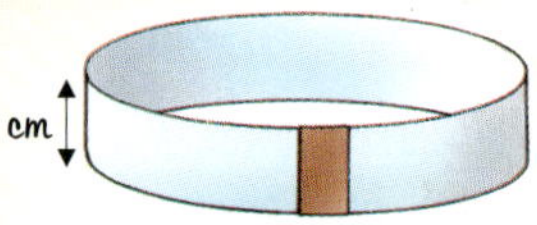

1 Stirnband: Schneide aus dem Karton einen **6** cm breiten, um deinen Kopf reichenden Streifen zurecht. Klebe die Enden mit Klebeband fest.

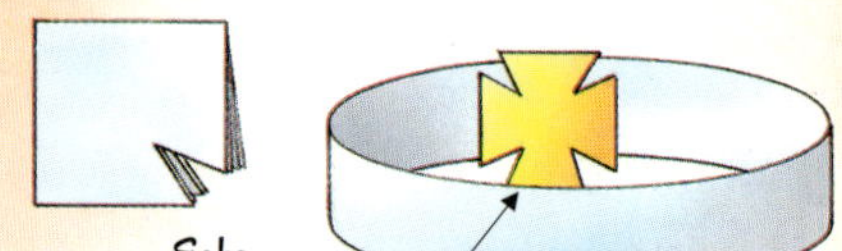

2 Falte das Papierquadrat erst einmal und dann noch einmal in der Mitte zusammen. Schneide die offene Ecke wie abgebildet heraus. Falte das Papier zum Kreuz auf, übertrage es auf goldenen Karton und klebe es an das Stirnband.

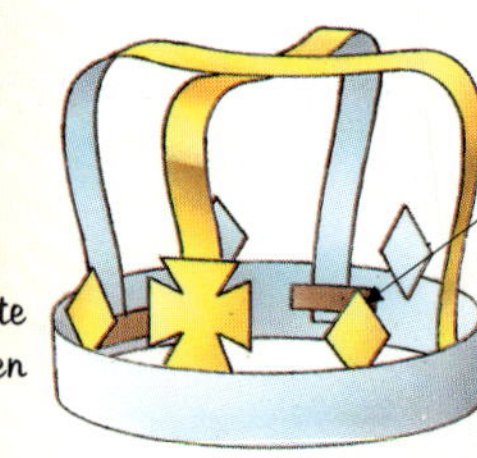

3 Klebe zwei 50 x 2,5 cm große Streifen aus goldenem Karton wie abgebildet am Stirnband fest. Innen am Band klebst du vier auf der Spitze stehende Quadrate als „Diamantfassungen" fest.

4 Schiebe das Kreppapier wie abgebildet in die Krone hinein und klebe es mit Klebeband fest. Klebe einen Wattestreifen rund um das Band und Süßigkeiten oder Glitzersteine als Juwelen auf die Fassungen.

Fahnenschmuck

Nimm einen Drahtkleiderbügel und ziehe festliches Geschenkpapier hindurch. Klebe die unteren zwei Drittel des Papiers zusammen und schneide ein großes „V" in den unteren Rand. Fertige mehrere solcher Banner in verschiedenen Formen und Farben, hänge sie an Regale und an die Zimmerdecke und verleihe dem „Palast" so festlichen Glanz.

Prinzenschärpe

Nimm zwei lange Folienstreifen (etwa 25-35 cm breit), falte sie einmal der Länge nach zusammen und klebe sie fest. Lege dir die Schärpe so um Schulter und Hüfte wie der Prinz auf Seite 23 und schneide dann die beiden Enden schräg ab.

Die Schärpe verschließt du anschließend mit einer juwelenbesetzten Brosche, die du anfertigst wie auf Seite 21 beschrieben, und einer Sicherheitsnadel.

PALASTSPIELE

In einem Palast kann man herrlich spielen! Hier sind drei Vorschläge für einfache Spiele, die wenig Arbeit, dafür aber um so mehr Spaß machen. Die richtige Atmosphäre schaffst du, indem du viele königliche Banner im Raum verteilst und alle auf „königlichen" Kissen thronen läßt. Im Hintergrund ertönt leise festliche Musik.

RINGSPIEL

Einer der Spieler sitzt in der Mitte, alle anderen im Kreis um ihn herum. Fädle einen Ring auf einen Faden, der lang genug ist, daß alle ihn festhalten können, und verknote die beiden Enden miteinander.

Alle halten den Faden mit beiden Händen fest. Einer verbirgt den Ring heimlich unter seiner Hand.

Während des Spiels wandert der Ring nun heimlich im Kreis herum, verborgen vor den Augen des Mittelspielers. Der muß nun herauszufinden versuchen, unter welcher Hand sich der Ring gerade befindet. Wenn er richtig rät, tauscht er mit dem „Ertappten" den Platz, und das Spiel geht weiter.

FRAU KÖNIGIN

Einer der Spieler ist die Königin und steht mit dem Gesicht zur Wand. Alle anderen stellen sich an der gegenüberliegenden Zimmerwand hinter ihr auf und rufen: „Frau Königin, dürfen wir Euer Schloß betreten?" Die Königin antwortet: „Es sei gestattet, aber nur wenn ihr ... gekleidet seid!" Dabei nennt sie irgendeine Farbe, Blau, Rot oder Schwarz. Und alle, die diese Farbe tragen, gehen einen Schritt nach vorne.

Das Spiel geht immer so weiter, bis einer so nahe an die Königin herangekommen ist, daß er sie berühren kann. Sie wirbelt herum, alle rennen zur Ausgangsposition zurück. Sie versucht, jemanden zu fangen, bevor er die Startlinie erreicht. Ihr Fang ist die neue Königin – oder der neue König.

FINGERHUTSPIEL

Du brauchst zwei Fingerhüte und für jeden Spieler einen Trinkhalm.

Teile deine Gäste in zwei Mannschaften ein; das letzte Mitglied jeder Mannschaft ist die Königin. Der wertvolle königliche Fingerhut darf mit den Händen nicht berührt werden. Doch alle halten einen Trinkhalm mit den Zähnen fest. Auf ein Startzeichen hin nimmt nun jede Mannschaft ihren Fingerhut auf und reicht ihn von einem Trinkhalm zum nächsten weiter, bis er bei der Königin ankommt. Fällt ein Fingerhut zu Boden, so muß ganz neu begonnen werden.

Die Mannschaft, die ihrer Königin den Fingerhut zuerst über den kleinen Finger stülpt, gewinnt.

Festliches Gelage

Serviere das Festmahl auf einem edlen, purpurroten Tischtuch, geschmückt mit goldenen und silbernen Platzdeckchen und glitzerndem Besteck. Beklebe schmale Serviettenringe aus Karton mit goldener Bastelfolie und Glitzersteinen. Laß deine Gäste mit dunkelrotem Saft anstoßen.

Kuchenschloss

Kaufe sechs rechteckige Sandkuchen, möglichst bereits von Puderzucker oder Marzipanguß umhüllt. Zwei davon schneidest du in der Mitte entzwei und ordnest sie so wie abgebildet mit den anderen zu einer ganzen Schloßanlage an.

Rühre 125 g Zuckerguß an (so wie bei der Schatzinsel auf Seite 11) und färbe ihn mit roter Lebensmittelfarbe pinkfarben. Bestreiche vier Waffeleistüten mit diesem Guß (aber laß noch etwas übrig!) und streue großzügig Liebesperlen darauf. Mit dem restlichen Zuckerguß befestigst du Zinnen aus Geleebonbons.

Auch die Schokowaffeln für Schloßtor und Zugbrücke werden so angebracht. Natürlich kannst du das Schloß auch ganz nach deinen eigenen Vorstellungen dekorieren.

Beflaggung

Schneide vier Fähnchenformen und viele kleine Dreiecke aus rotem Schleifenband oder Tonpapier zu. Befestige die Fähnchen mit Zahnstochern auf den Turmspitzen, fädle die Dreiecke auf Zwirn und hänge sie zwischen den Türmen auf.

Melonenkronen

Bitte einen Erwachsenen um Mithilfe, um gelbe Melonen zu halbieren und die Hälften zackenförmig einzuschneiden. Schneide einen kleinen Bodensockel ab, damit sie gut stehen. Hole die Kerne heraus und schichte Kirschen, Weintrauben oder Erdbeerhälften als „Juwelen" darauf. Nun darf sich jeder bedienen.

Schlosspark

Fülle etwa 25 g Kokossplitter in eine kleine Plastiktüte und füge ein paar Tropfen grüne Lebensmittelfarbe hinzu. Verschließe den Beutel und schüttle ihn kräftig, bis die Splitter die Farbe angenommen haben. Bestreiche den Rand deiner Schloßanlage mit einer dünnen Schicht Zuckerguß und streue dann die grünen Kokossplitter darauf.

Silberkelche

Was du brauchst:
kleine Pappbecher
größere, durchsichtige Kunststoffbecher (der Boden sollte bei beiden Bechern etwa gleich groß sein)
Alufolie
bunte Bonbons
scharfe Schere, Klebeband und Kleber

1 Stelle für jeden Gast einen Papp- und einen Kunststoffbecher bereit. Wickle die untere Hälfte des Kunststoffbechers in Alufolie ein und klebe die Folie mit Klebeband fest.

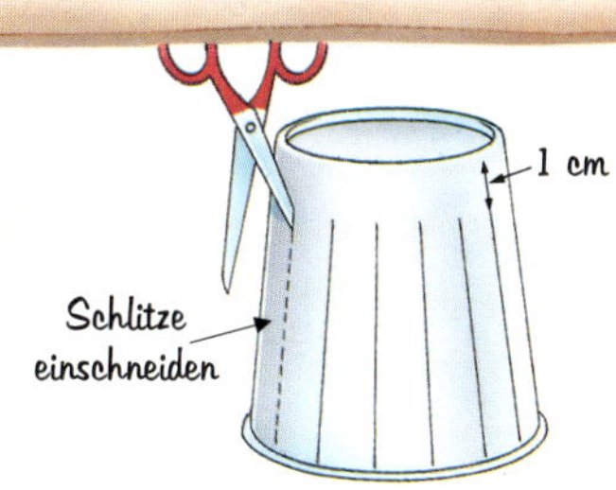

2 Schneide mit Hilfe eines Erwachsenen die Pappbecher wie abgebildet rundherum ein.

3 Fuß des Trinkgefäßes: Drücke den Pappbecher so in der Mitte zusammen, daß er wie ein Eierbecher aussieht, und klebe Klebeband um die schmale Mitte herum.

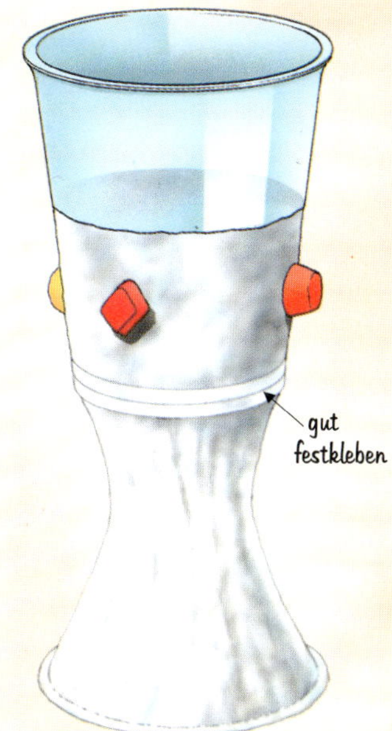

4 Klebe Papp- und Kunststoffbecher Boden an Boden fest aneinander. Umwickle auch den Pappbecher mit Alufolie und beklebe den Kelch mit Bonbonjuwelen.

Juwelenhäppchen

Bestreiche runde Cracker mit Butter, Schokocreme oder Frischkäse und setze kandierte Kirschen und andere bunte Kuchendekorationen oder hübsche Süßigkeiten als Edelsteine darauf.

Toastwappen

Schneide aus Vollkorntoastscheiben Wappenformen aus, lege passend zurechtgeschnittene Käsescheiben darauf oder bestreiche die Wappenbrote mit Streichkäse. Schneide Schinken, Käse, Gurke, Tomate und Möhre in schmale Streifen und kleine Stücke und denke dir köstlich aussehende Wappen aus.

Eier „Royal“

Bemale gekochte Eier mit bunten Filzstiften. Schneide schmale Ringe aus Papprollen zu, umwickle sie mit goldener Bastelfolie und beklebe sie mit Paillettenband, Glitzersteinchen oder Stickern. Lege die Eierbecher mit kleinen, roten Papierservietten aus und setze die bemalten Eier hinein.

UFO-PARTY

Die verrücktesten Kostüme sind für diese Party gerade gut genug. Denn wer weiß schon genau, wie Außerirdische aussehen. Lade deine Freunde per Rakete in dein Raumschiff ein. Bitte sie, als intergalaktisches Sechsauge zu kommen, als Laserschütze oder Abgesandter der Venus. Das beste Kostüm wird am Ende der Feier mit einem UFO-Sonderpreis prämiert.

VOR DEM START

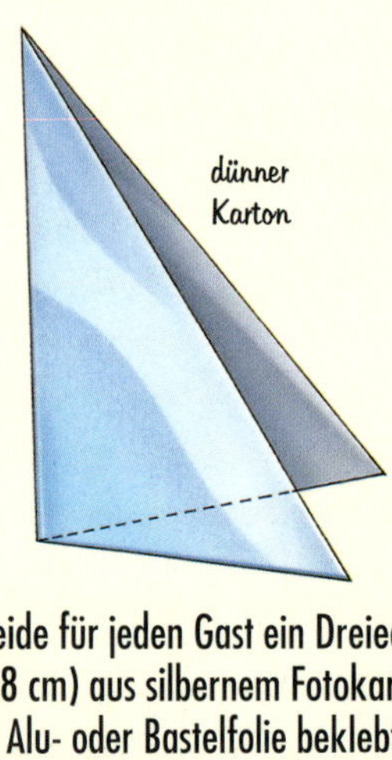

1 Schneide für jeden Gast ein Dreieck (Seitenlänge 18 cm) aus silbernem Fotokarton oder aus mit Alu- oder Bastelfolie beklebtem Karton aus. Falte die Dreiecke wie abgebildet einmal in der Mitte.

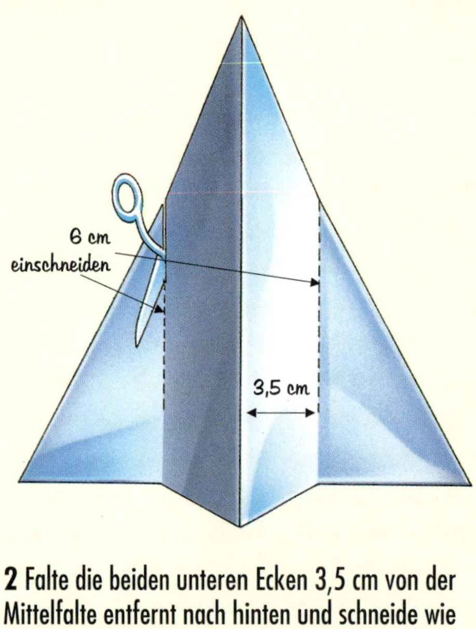

2 Falte die beiden unteren Ecken 3,5 cm von der Mittelfalte entfernt nach hinten und schneide wie abgebildet jeweils einen 6 cm langen Schlitz in diese Falten.

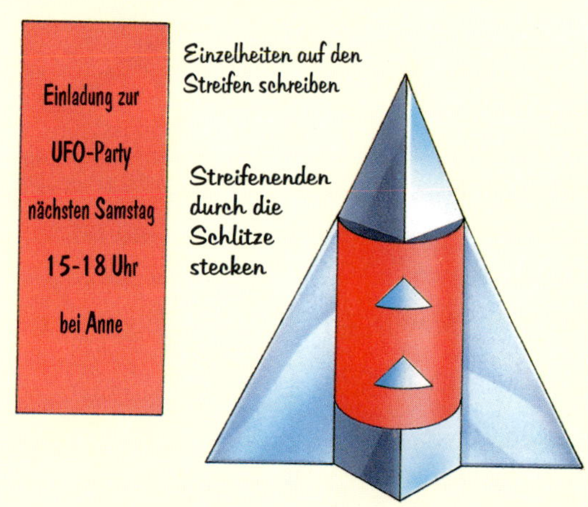

3 Schneide dir einen 6 x 16 cm großen Tonpapierstreifen mit zwei dreieckigen Schlitze zurecht. Schreibe deine Einladung darauf, rolle den Streifen um die Rakete (durch die Schlitze) und klebe die Enden hinten fest. Jetzt kann die Raketeneinladung starten.

RAUMANZUG ORION

Was du brauchst:
farbigen Fotokarton und Tonpapier
Schere, Lineal, Klebeband

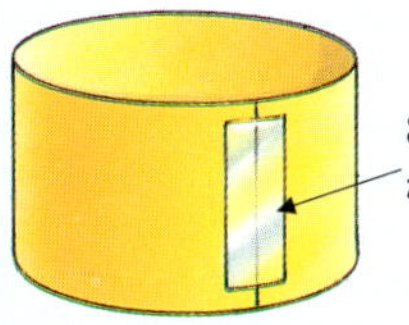

1 Schneide aus dem Fotokarton 7 cm breite Streifen aus, die so lang sind, daß sie jeweils bequem um deine (bekleideten) Oberarme, Ellbogen und Knie herumpassen, und klebe sie an den Enden mit Klebeband zusammen.

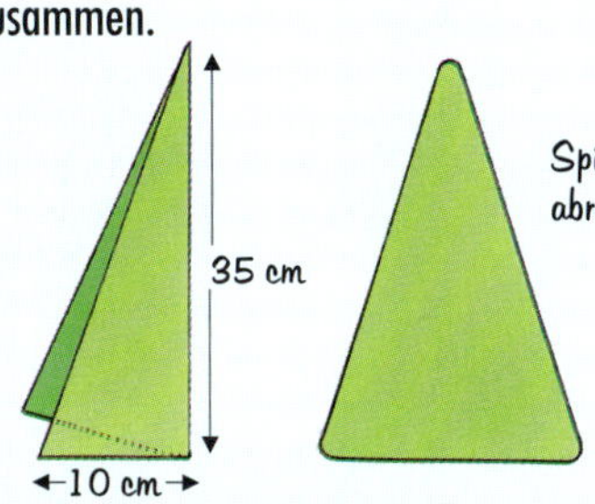

2 Schneide zwei Dreiecke (35 x 20 cm) aus und runde die Spitzen etwas ab.

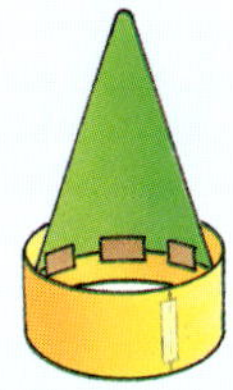

3 Schulterstücke: Klebe wie abgebildet ein Dreieck in jedes Armband. Stülpe die Armbänder später so über die Oberarme, daß die Spitzen über deine Schultern hinausragen.

4 Schneide vier Dreiecke (25 x 15 cm) aus und befestige zwei davon so an den Ellbogenbändern, daß die Spitzen nach hinten deuten. Die anderen beiden Dreiecke klebst du mit der Spitze nach oben an die Beinbänder, die knapp unter dem Knie über den Waden sitzen. Nimm eine Sicherheitsnadel zu Hilfe, falls die Schutzschilde rutschen.

STERNENTIPS

Unter den gebastelten Accessoires deines Kostüms trägst du am besten ein einfarbiges, langärmeliges T-Shirt, farblich dazu passende Strumpfhosen oder Leggins und Stiefel.

Wenn du dir nun noch gut haftende Frischhaltefolie um Bauch und Schultern, Arme und Beine wickelst, bekommt deine außerirdische Erscheinung den letzten Schliff.

SECHSAUGE

Was du brauchst:
eine farbige Nylonstrumpfhose
zwei Luftballons
Watte und Fotokarton
zwei Tischtennis- oder andere kleine Bälle

Blase die Luftballons tennisballgroß auf und stecke jeden Ballon ganz oben in ein Bein der Strumpfhose. Zieh dir den Hosenbund über Kopf und Ohren. Lege dir die Pingpongbälle auf die Stirn und stülpe den Strumpfhosenbund darüber, damit sie halten. Damit es etwas bequemer für dich wird, kannst du eine Schicht Watte unter die Bälle legen.

Wickle die Hosenbeine jeweils um das untere Ende der Ballons herum und stopfe die Enden unter den Schlingen gut fest. Laß deine Haare ganz unter dem Kopfputz verschwinden und klebe noch zwei große und zwei kleine Kartonaugen auf. Besonders gut wirkt dazu ein geschminktes Gesicht, in dem die Augen passend zu den Kugelaugen betont werden.

GREIFZANGEN

1 Schneide vier Kartonstreifen zurecht, die um deine Hand- und Fußgelenke passen. Schneide vier Dreiecke (25 x 15 cm) aus, runde die Ecken ab und schneide sie der Länge nach in der Mitte durch.

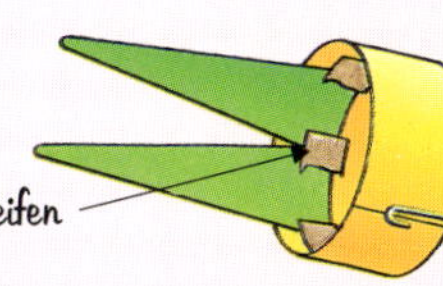

2 Klebe je zwei Dreieckhälften so in ein Band hinein, daß sich die unteren Ränder wie abgebildet leicht überlappen.

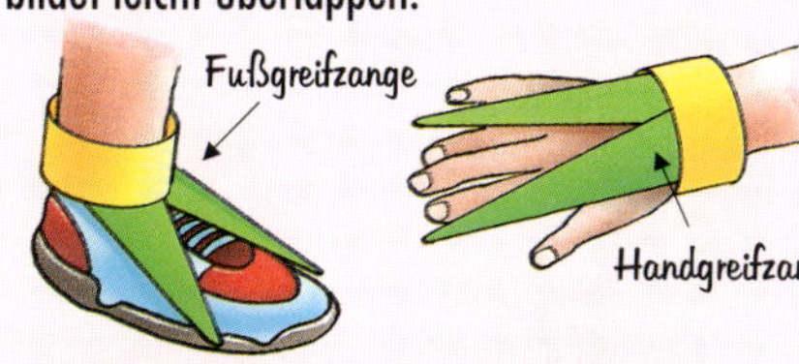

3 Befestige die Bänder mit Büroklammern oder Klebestreifen über den Fuß- und Handgelenken. Biege die Fußgreifzangen leicht nach außen, so daß sie etwas über die Schuhe hinausragen. Die Greifzangenfinger sollten auf dem Handrücken liegen.

VENUSMONSTER

Was du brauchst:
Fotokarton und Tonpapier, grünes und blaues Kreppapier, Filzstifte
Schere, Lineal und Klebeband

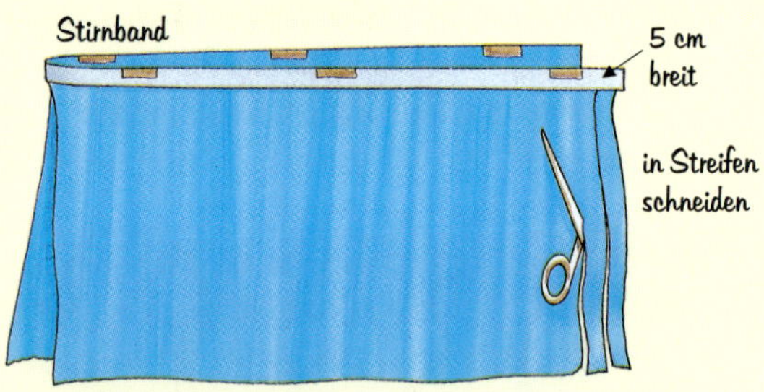

1 Schneide aus Fotokarton einen 5 cm breiten Streifen, der um deinen Kopf herumpaßt. Klebe eine oder zwei Lagen blaues Kreppapier (etwa 50 cm lang) daran fest. Schneide es rundherum in 2 cm breite Streifen.

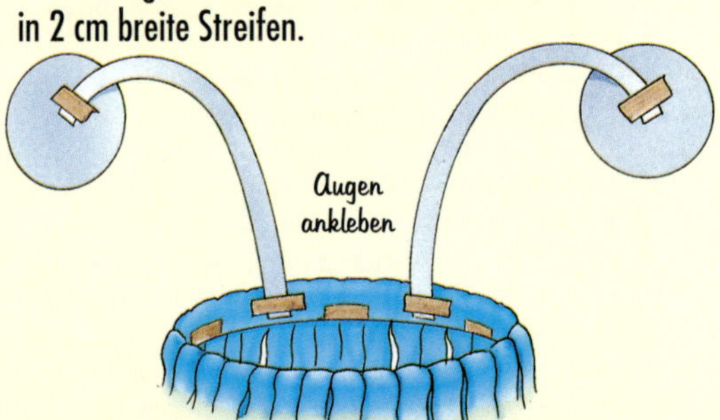

2 Antennenaugen: Schneide aus dem Fotokarton zwei Streifen (25 x 1,5 cm) zu. Schneide aus Tonpapier zwei Augen (Durchmesser 7,5 cm) aus und klebe sie an den Enden fest; die anderen Streifenenden klebst du wie abgebildet vorne an die Innenseite des Stirnbandes. Anschließend bunt bemalen.

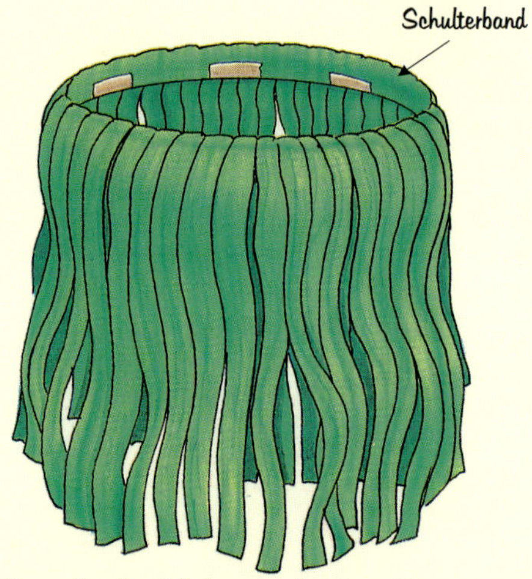

3 Nimm für den Schultergürtel grünes Kreppapier und wiederhole Schritt 1. Der Kartonstreifen sollte diesmal so lang sein, daß du ihn zusammengeklebt locker über den Kopf streifen kannst und er auf deinen Schultern aufliegt.

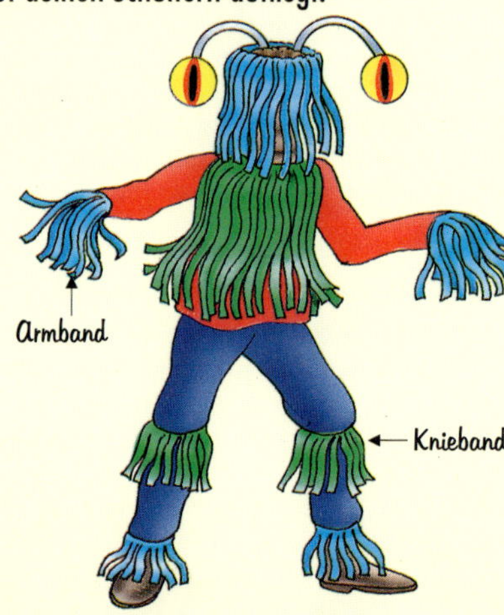

4 Knie- (grünes Kreppapier), Arm- und Fußbänder (blaues Kreppapier) entstehen auf die gleiche Art. Die Streifen sollten etwa 30 cm lang sein. Schließe die Bänder mit Büroklammern, dann kannst du sie wiederverwenden.

Wenn du dir zusätzlich ein blaues Hüftband anfertigst, wirkt das Kostüm noch verrückter.

STRAHLENTRICHTER

Aus langen (32 cm), dünnen (unten 2,5 cm) Kartonstreifen entstehen perfekte Antennen für außerirdische Wesen. Wenn man sie leicht zwischen Daumen- und Zeigefingernagel durchzieht, bekommen sie eine geschwungene Form. Innen am Stirnband festkleben.

LASERSCHILD

Was du brauchst:
einen Kunststoffmüllsack
Alu- oder Bastelfolie, Kleber
Schere, Lineal, Stift

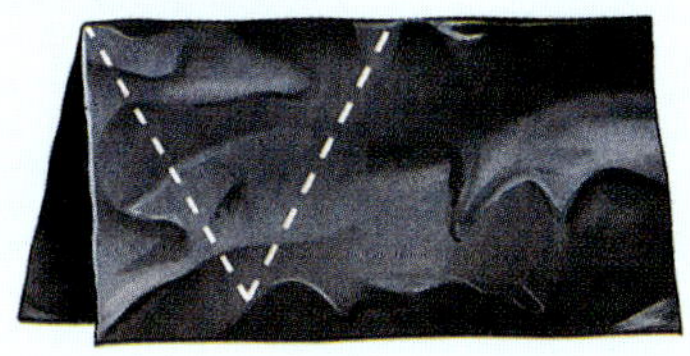

1 Trenne den Müllsack unten und an einer Seite auf und falte ihn einmal der Länge nach in der Mitte. Schneide wie abgebildet ein Dreieck von 60 cm Seitenlänge aus.

2 Schneide in die Mitte der Falte einen etwa 20 cm langen Schlitz. Er muß so groß sein, daß dein Kopf mühelos hindurchpaßt.

3 Verziere den Schild mit aufgeklebten Streifen und Sternen aus Bastelfolie. Bastle dir dazu noch zwei Strahlentrichter und befestige sie am Schild oder an einem funkelnden Visier. Dazu passen Knieschilde und Handgreifzangen.

STIRNVISIER

Was du brauchst:
Fotokarton oder Tonpapier
Schere, Lineal und Klebeband
zwei Musterklammern

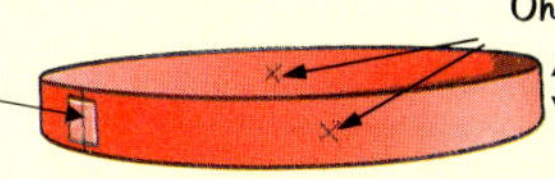

1 Schneide einen 3 cm breiten Kartonstreifen zu, der um deinen Kopf reicht. Klebe die Enden zusammen und markiere an den Seiten die Stellen, wo deine Ohren sind.

2 Miß die Länge von einem Ohr über die Stirn bis zum anderen Ohr und schneide einen weiteren 3 cm breiten Streifen in dieser Länge zu. Markiere die Stelle, wo die Augen sind, und schneide anschließend zwei lange, schmale Schlitze heraus.

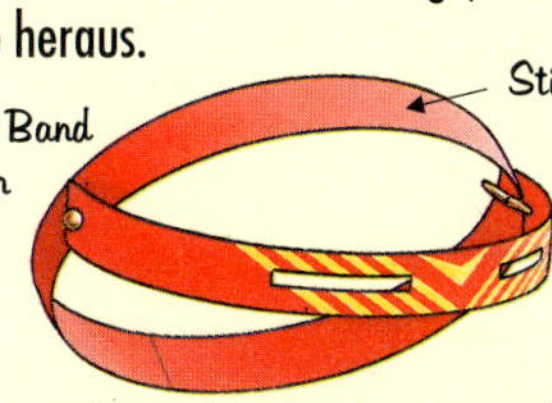

3 Befestige die Enden des Visiers mit den Musterklammern genau vor den Ohren am Stirnband (Klebe zur Vorsicht ein Pflaster locker über die Musterklammern).

STRAHLENTRICHTER

Schneide aus silberner Bastelfolie oder mit Alufolie beklebtem Papier zwei Kreise von je 14 cm Durchmesser aus. Falte die Kreise vorsichtig erst einmal und dann noch einmal in der Mitte. Schneide wie abgebildet einen Schlitz bis zur Mitte des Kreises.

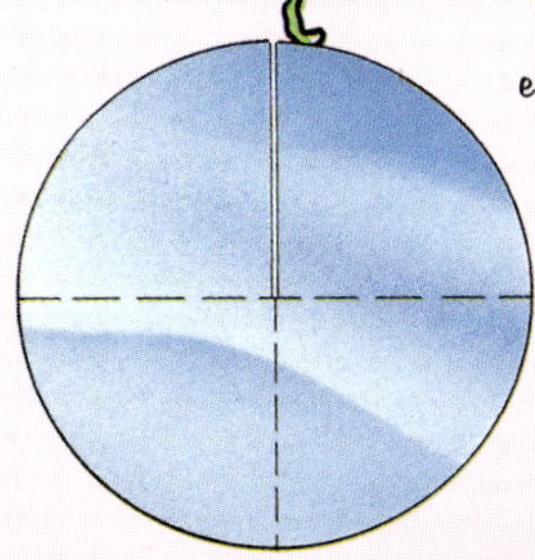

Forme einen Trichter und klebe die beiden Ränder leicht überlappend mit Klebeband aneinander. Drücke die Trichterspitzen nach innen und klebe die Strahlentrichter als Radarohren an dein Visier oder als Laserstrahler an die Vorderseite deines Schildes.

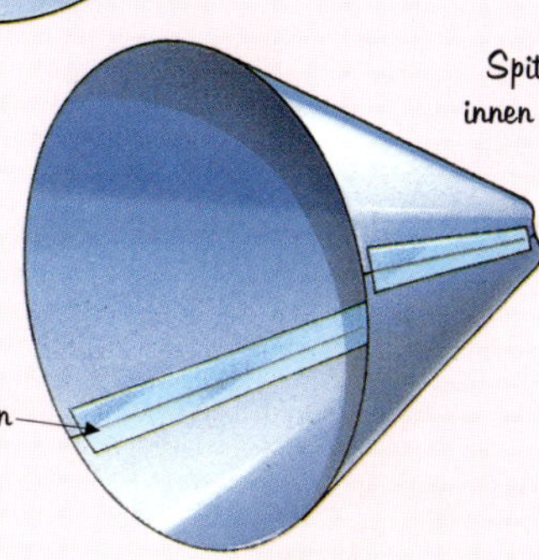

AUF INS ALL

Damit der Partyraum auch wirklich nach Weltall aussieht, kannst du Sterngirlanden aufhängen. Schneide aus Papier und Pappe viele Sterne in unterschiedlichen Größen aus, beschrifte oder beklebe sie mit Glitzersternchen, dann fädelst du sie auf Zwirnfäden, die du durch den Raum spannst.

SATELLITEN

Was du brauchst:
2 mittelgroße Förmchen aus Alufolie
2 Strahlentrichter (siehe Seite 29)
2 Trinkhalme, Heftzange
Faden, Kleber

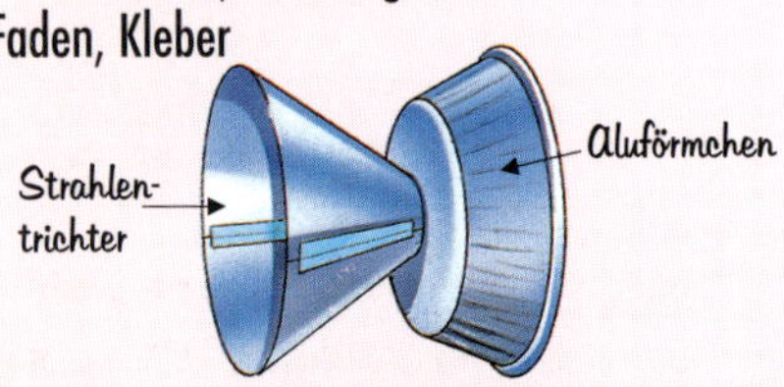

1 Klebe je einen Strahlentrichter wie abgebildet an den Boden eines Alufórmchens.

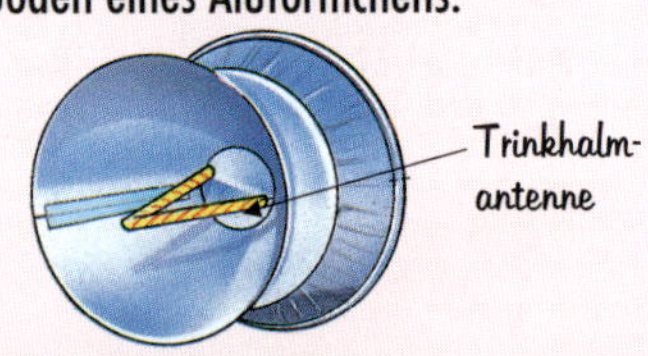

2 Antennen: Falte die Trinkhalme in der Mitte zusammen, führe die Enden durch die Trichter und dann durch die Förmchen (Löcher vorbohren). Schneide die innen überstehenden Enden ab und betupfe sie mit Kleber oder klebe sie mit Klebeband fest.

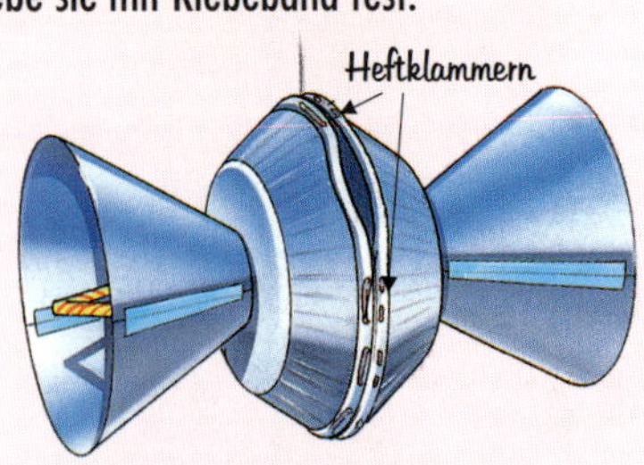

3 Lege je zwei Förmchen aufeinander und hefte sie zusammen (einen Spalt offenlassen). Knote einen langen Faden an die beiden letzten Heftklammern vor dem Spalt und hänge die Satelliten daran auf.

Wenn du genug Satelliten bastelst, kann jeder Gast einen – mit Süßigkeiten gefüllt – mit nach Hause nehmen.

RAKETEN

Bastle Raketen wie die für die Einladungen (Seite 26). Stecke bunt beklebte Rollen aus Tonpapier um die Raketen herum in die Schlitze und laß die Raketen an langen Fäden von der Decke baumeln. Befestige einen langen Faden am Raketenende und einen etwas kürzeren an der Spitze.

Klebe an das Raketenende einen langen Streifen Frischhaltefolie. Breite die Folie aus und befestige sie an der Wand, so daß sie aussieht wie ein breiter Rückstrahl.

ROBOTRUNK

Nimm zwei Pappbecher je Gast und bohre in den Boden des einen jeweils zwei Löcher für zwei Trinkhalme. Bemale und beklebe die Becher so, daß sie aufeinandergesetzt aussehen wie kleine Roboter. Du kannst sie auch mit Namen beschriften.

Dann füllst du kühle Getränke hinein, setzt jeweils die oberen Becher auf und heftest sie an einer Seite mit Klebestreifen oder mit der Heftzange so aneinander fest, daß sie sich zum Nachfüllen aufklappen lassen.

WELTRAUMSPIELE

IM KRAFTFELD

Bitte einen Erwachsenen, zwei oder drei alte Laken fest miteinander zu verknoten. Nun brauchst du drei oder vier freiwillige Außerirdische, die etwa gleich groß sind und sich im Kreis aufstellen, die Rücken einander zugewandt.

Der Erwachsene wickelt nun jedem Außerirdischen das Lakenseil fest um den Bauch und verknotet die Enden miteinander – dies ist das geschlossene Kraftfeld.

Lege nun jeweils einen Teddy oder eine Puppe etwa ein bis zwei Schritte von den Außerirdischen entfernt außerhalb des Kraftfeldes nieder.

Auf ein Startkommando hin beugen sich die Außerirdischen mit aller Kraft nach außen und versuchen, ihren Teddy oder ihre Puppe aus dem All hinein ins Kraftfeld zu retten. Der erste, dem das gelingt, ist der Sieger und wird mit einem Preis belohnt.

RADARKREISEL

Was du brauchst:
festes Papier, Schere
Filzstifte und Lineal

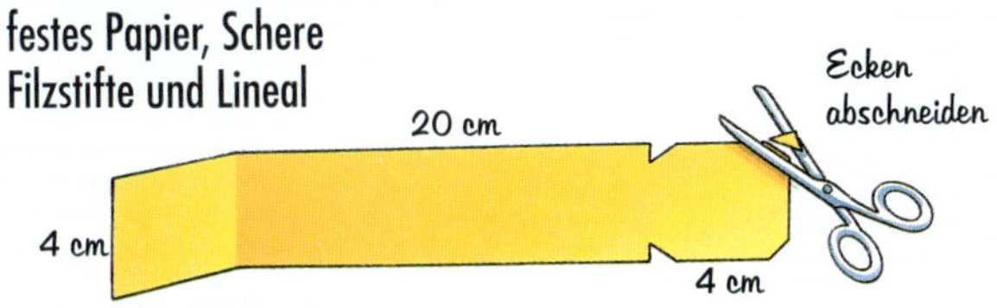

1 Schneide je Gast einen Streifen Papier (4 x 20 cm) zurecht. Falte am Rand je 4 cm um. Schneide alle Ecken wie abgebildet ab.

2 Zeichne auf den gefalteten Endstücken Längs- und Querlinien als Solarzellen ein. Klebe ein farbiges Dreieck aus Tonpapier auf das Mittelstück und schreibe den Namen des jeweiligen Gastes darüber.

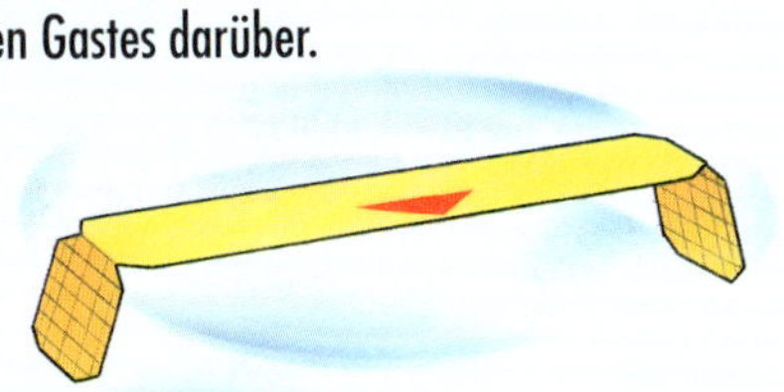

3 Die Radarkreisel dienen zunächst als Tischkärtchen. Anschließend könnt ihr sie in die Luft werfen und bewundern, wie sie kreiseln.

WETTFLUG

Bastle dir zwei Strahlentrichter (siehe Seite 29) aus Kreisen mit 12 cm Durchmesser – das sind die Raumsonden. Schneide zwei etwa 2 m lange dünne Schnüre zurecht und fädle jeden Trichter auf eine Schnur auf. Spanne die Schnüre wie abgebildet zwischen zwei Stühlen auf. Ziehe die beiden Stühle soweit auseinander, daß die Schnüre gespannt sind.

Schiebe die Raumsonden in ihre Startposition – jeweils 25 cm von der Lehne entfernt.

Jetzt treten zwei Mannschaften gegeneinander an, deren Mitglieder nacheinander versuchen, die Raumkapseln ins Ziel zu pusten.

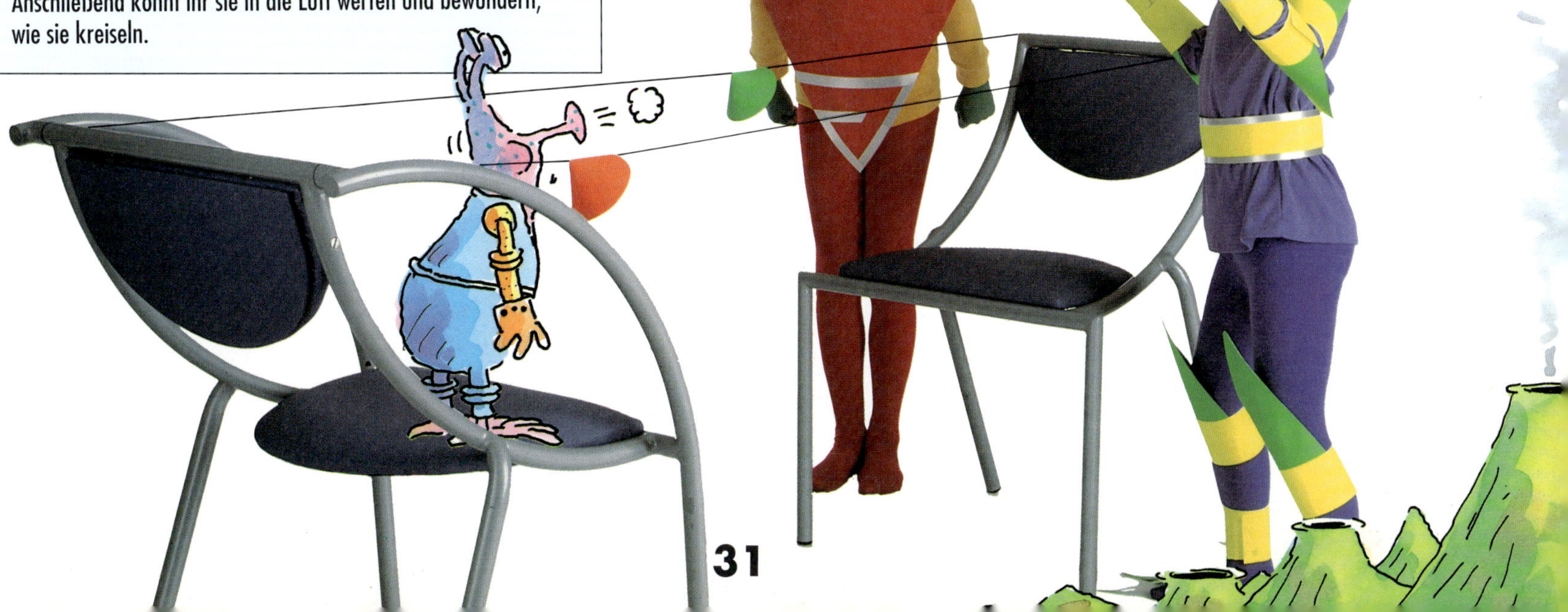

ASTRONAUTENKOST

Die intergalaktische Verpflegungsstation, an der die außerirdischen Gäste ihre Energiedepots wiederaufladen können, dekorierst du großzügig mit Plastikfolie, am besten in Schwarz. Male mit Alleskleber im All herumschwirrende Galaxien und Planetenkreise auf, streue dann Glitzersternchen auf und laß alles gut trocknen. Klebe auch bunte Planeten mit Ringen und Kometen aus Pappe und Papier auf.

KRISPIEKRATER

Was du brauchst:
750 g Vollmilchschokolade
300-350 g Rice Krispies
eine Tortenplatte
ein schmales, hohes Glas
grüne Gummibärchen

1 Vielleicht kann dir ein Erwachsener helfen, wenn du Schokolade in Stücke brichst und in Portionen von jeweils 200 g bei geringer Hitze im Wasserbad (eine Schüssel in einem Topf mit Wasser) schmelzen läßt.

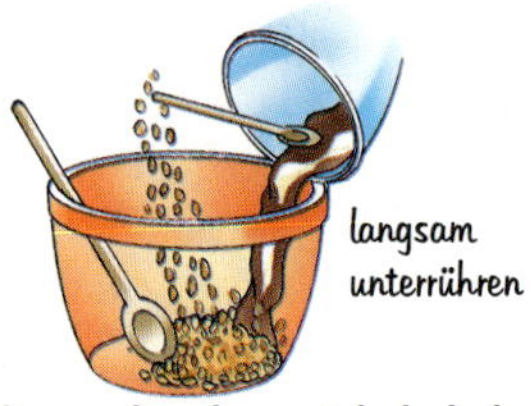

2 Gieße die geschmolzene Schokolade in einen Mixbecher und füge einige Rice Krispies hinzu. Umrühren und nacheinander weitere Krispies unterrühren, bis die ganze Masse ziemlich steif und fest ist.

3 Zum Schluß müssen die Schokolade und die Rice Krispies eine kompakte Masse bilden. Bei dieser Sache mußt du ziemlich zügig arbeiten, weil die Schokoladenmasse schnell abkühlt und hart wird.

4 Jetzt wird's klebrig! Gib mit einem großen Löffel etwas von der Schokomasse auf die Tortenplatte. Forme einen Hügel daraus. Fette das Glas mit Butter ein und drücke es leicht angewinkelt in den Hügel hinein.

5 Forme mit der restlichen Masse einen Vulkan um das Glas herum und dazu zwei weitere kleinere Krater. Wenn die Schokomasse hart wird, ziehst du vorsichtig das Glas aus dem Vulkan heraus. Dekoriere mit Fähnchen und grünen Gummibärchen.

RAKETENKUCHEN

Nimm eine kleine Biskuitrolle, die in etwa den gleichen Durchmesser wie das Glas beim Krispie-Krater hat. Bestreiche sie mit weißem Zuckerguß und klebe schwarze Lakritzfäden als Streifen und eine Kuchendekorzahl darauf fest. Füge nun dem restlichen Zuckerguß ein paar Tropfen blaue Lebensmittelfarbe hinzu.

Raketenflügel: Nimm vier dreieckige Waffeln und bestreiche sie mit dem blauen Zuckerguß. Schneide vier Schlitze in die Biskuitrolle und stecke die Waffelflügel hinein.

Schiebe die Rakete ein wenig in den vulkanförmigen Krispie-Krater hinein und dekoriere sie mit Lakritzfäden. Zum Schluß steckst du noch ein paar Tortenkerzen auf das herausragende Raketenende. Du kannst die Rakete statt in einer Vulkanlandschaft auch in einem Guglhupf landen lassen, den du entsprechend dekorierst.

LANDEKAPSELN

Wickle Kartoffeln in Alufolie und laß sie eine gute Stunde im Backofen backen. Stecke je drei Zahnstocher mit Karottenscheiben hinein. Dazu reichst du Kräuterquark, Käse oder Salat.

UFOS IN SICHT

Hefte zwei mittelgroße Pappschüsseln an einer Seite mit der Heftzange zusammen. Stecke durch zwei Löcher im Deckel einen Trinkhalm mit silbernen Alukügelchen als Antennen. Nun kannst du die fliegende Untertasse bemalen und mit Bonbons oder bunten Abziehbildern bekleben.

Zum Schluß füllst du Astronautenkost und andere Leckereien in die mit einer Papierserviette ausgelegte untere Schüssel und überreichst sie dem am schönsten kostümierten Gast als Preis.

RADARSONDE

Drücke mit dem Daumen eine Mulde in die Mitte eines Krapfens oder Berliners und stecke ein Marshmallow hinein. Spieße vier Marshmallows auf Zahnstocher und stecke sie in gleichmäßigen Abständen seitlich in den Krapfen hinein. Anschließend könnt ihr das UFO genüßlich verspeisen. Die Zahnstocher werden natürlich vorher entfernt. Statt Marshmallows könnt ihr auch Weintrauben nehmen.

STERNENBROTE

Bestreiche Toast oder Graubrot mit Butter, Streichwurst oder Frischkäse und lege eine unbestrichene Brotscheibe darüber. Stich mit Plätzchenförmchen in verschiedenen Größen große und kleine Sternenbrote aus.

POP STAR PARTY

Wie wäre es, wenn ihr euch einmal in euren Lieblingsstar verwandeln würdet? Mit schriller Kleidung, glitzerndem Modeschmuck und viel Schminke? Der Partykeller wird zur Diskothek, bunte Lichter und Luftballons sorgen für die richtige Atmosphäre, und Popmusik lädt zum Tanzen ein.

EINLADUNGSKÄPPI

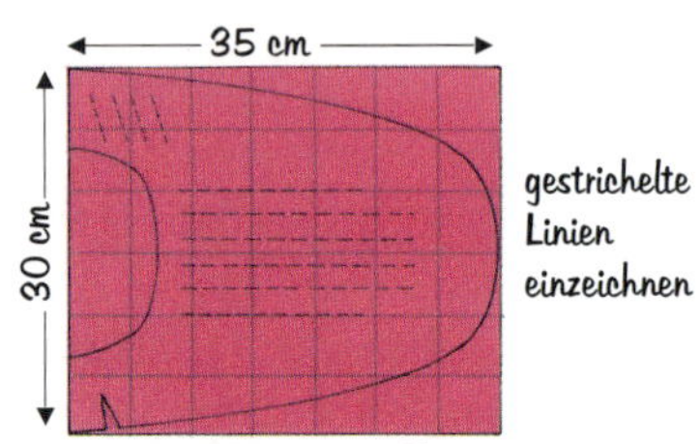

1 Übertrage diese Vorlage mit Hilfe eines Rasters auf einen Bogen Tonpapier (etwa 30 x 35 cm) in einer poppigen Farbe.

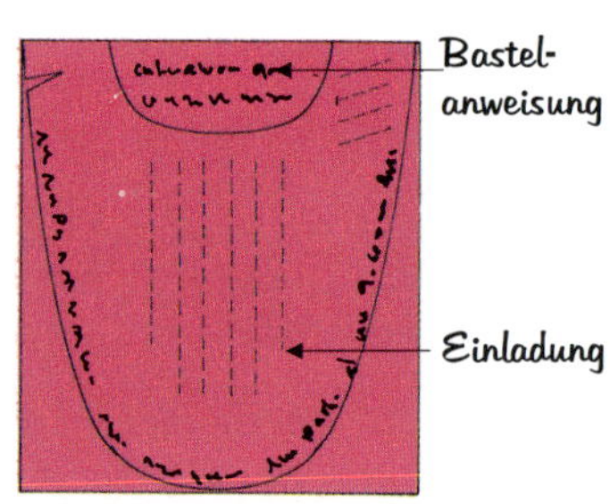

2 Schneide eine Vorlage für jeden Gast aus, (nimm am besten für jeden eine andere Farbe), schreibe deine Einladung darauf und dazu die Aufforderung: „Gestrichelte Linien aufschneiden, Enden nach hinten biegen und Kerbe je nach Kopfgröße durch einen der Schlitze stecken."

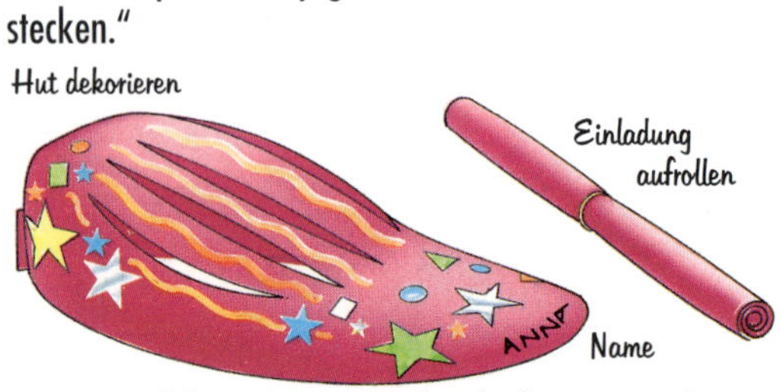

3 Vorne auf den Schirm schreibst du den Namen des jeweiligen Gastes. Dekoriere die Kappen und überreiche oder schicke sie anschließend den Gästen: Sie sollen die Mütze zusammenstecken und dann auf der Party tragen.

DISCO DRESS

Was du brauchst:
zwei große Kunststoffmüllsäcke
Klebeband, Schere, Heftzange
Kreide oder Bleistift

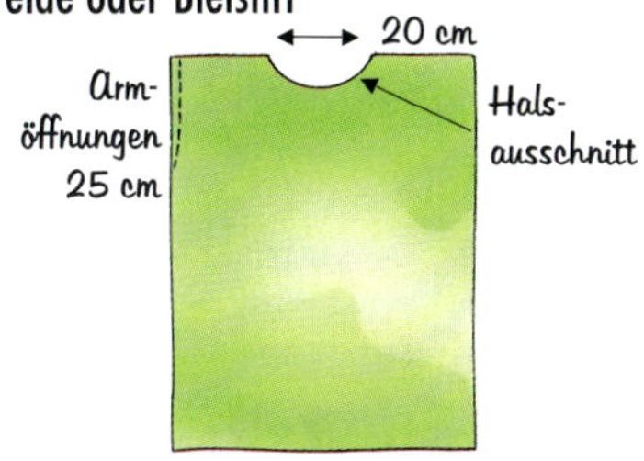

1 Nimm einen Müllsack und schneide am geschlossenen Ende oben einen 20 cm langen Halsausschnitt und an den Seiten zwei je 25 cm lange Schlitze für die Arme hinein.

2 Ziehe den Sack über, raffe ihn zwischen den Beinen und hefte ihn zusammen (Klebe innen Klebeband über die Klammern). Rolle die Beinränder ringsherum nach innen und klebe sie fest. So erhältst du Pumphosen.

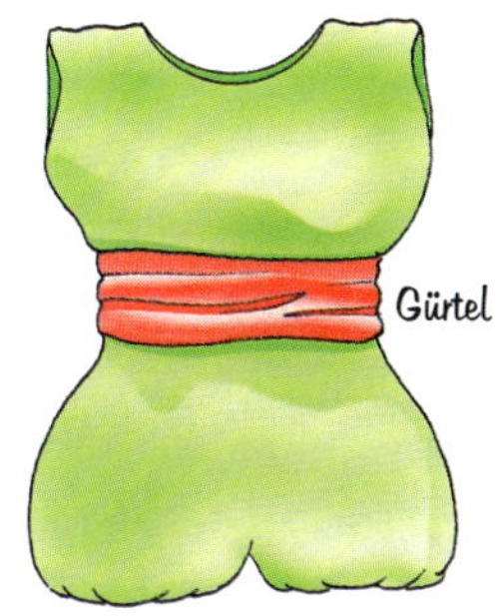

3 Schneide aus dem zweiten Müllsack einen Gürtelstreifen (etwa 44 x 150 cm) zu. Falte ihn längs und schlinge ihn dir als Gürtel um die Taille. Setze als Schmuck eine Brosche darauf.

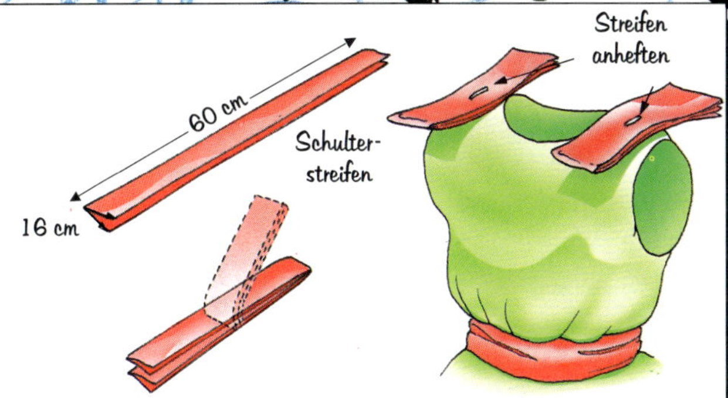

4 Schneide aus dem zweiten Sack zwei 16 x 60 cm große Schulterstreifen aus. Falte sie einmal längs und zweimal quer, bis sie nur noch je 15 cm lang sind, und hefte sie mit Sicherheitsnadeln auf den Schultern fest.

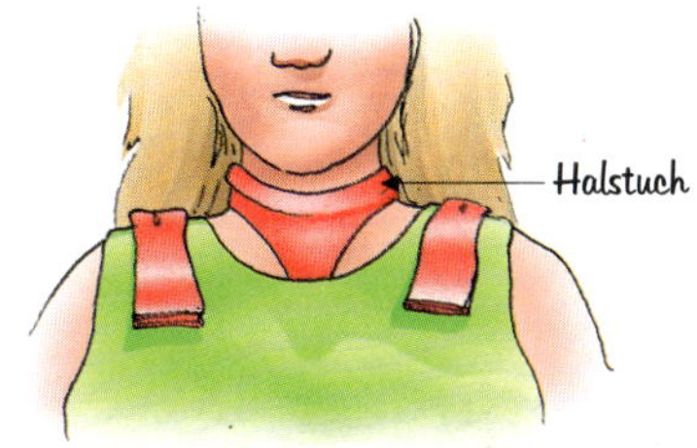

5 Schneide ein Dreieck von 35 cm Seitenlänge als Halstuch zu. Klebe die Ecken hinten im Nacken mit Klebeband aneinander. Eventuell vorne am Bruststück festheften. Schneide zwei 24 cm breite Streifen zu, falte sie einmal in der Mitte und schlinge sie um die Handgelenke.

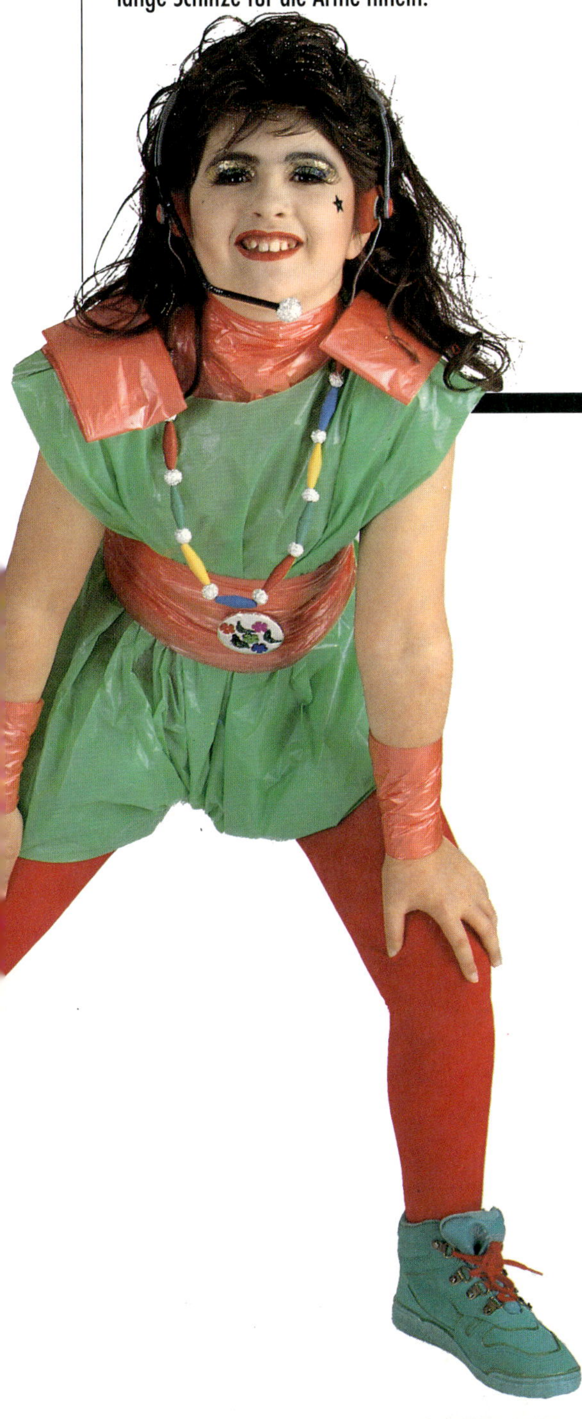

FUNKY RAPPER

Ziehe ein kurzärmeliges T-Shirt über ein langärmeliges (Kapuzen-)Shirt. Klebe mit Textilkleber Zeitschriftenausschnitte auf eine alte Jeans. Trage klobige Turnschuhe, eine Schirmmütze oder das Einladungskäppi, darauf eine Sonnenbrille, eine Goldkette und natürlich jede Menge Sticker und Abzeichen.

PUNK ROCKER

Nimm ein ausgedientes, schwarzes T-Shirt und schneide Hals- und Armausschnitte zackenförmig ein. Nähe Goldknöpfe auf, lege dir eine bunte Kette (siehe Seite 36) um und schlinge dir einen breiten Gürtel um die Taille.

Mädchen können einen Minirock mit Knöpfen und Abzeichen bestücken und über farbigen Leggins tragen. Jungen schneiden Schlitze in eine enge, alte Jeans, die dann mit Sicherheitsnadeln notdürftig zusammengehalten wird. Wichtig bei allen Kostümen: Passende Schminkgesichter.

TANZ-MIKRO

Nimm einen farbigen, biegsamen Trinkhalm und stecke auf das kurze Ende ein Kügelchen Alufolie (etwa 15 x 15 cm zusammengeknüllte Folie).

Befestige dieses „Mikro" wie abgebildet mit Klebeband am Kopfhörer eines tragbaren Cassettenrecorders. Richte es so ein, daß die Alukugel vor deinem Mund liegt – schon siehst du aus wie ein Bühnenstar und kannst gleichzeitig tanzen und ins „Mikro" singen.

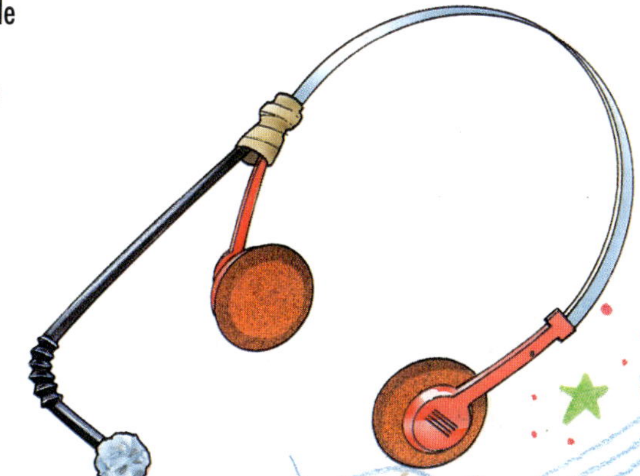

FUNKY-SCHMUCK

Ohne passendes Outfit läuft in Pop-Star-Kreisen gar nichts! Aber keine Panik, mit glitzernden Funky-Ketten kannst du deinen Dress aufmotzen. Sie lassen sich einfach und preiswert aus silbernen Alukügelchen und zerschnittenen Trinkhalmen fertigen. Du kannst aber auch bunte Reklameseiten aus Illustrierten in Dreiecke schneiden, diese zu Perlen aufrollen und auf einen langen Faden aufziehen. Oder du fädelst nur wenige Perlen auf, verknotest die Fadenenden zu einer Schlinge – und erhältst ausgefallene Ohrringe.

Schneide aus Zeitschriften (oder male sie selbst) fetzige Sticker aus, klebe sie auf alte Buttons und befestige sie an deiner Kleidung.

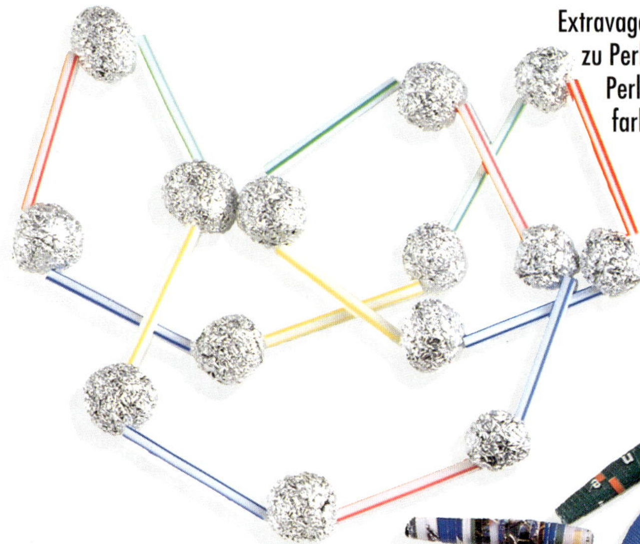

Extravagantes Collier: Knülle Alufolie (5 x 5 cm) zu Perlenkugeln zusammen. Zwischen diese Perlen fädelst du zurechtgeschnittene farbige Trinkhalmstücke.

POPPIGE PERLEN

1 Schneide aus bunten Illustriertenseiten oder altem Geschenkpapier lange, spitze Dreiecke (etwa 30 cm lang, unten 5 cm breit) aus.

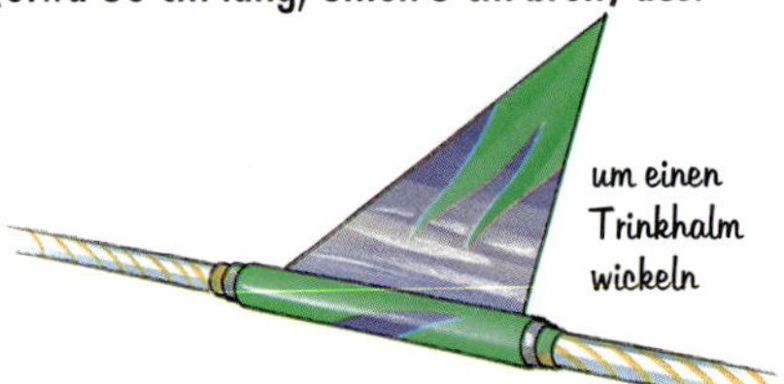

2 Wickle die bunten Dreiecke (mit dem unteren, breiten Ende zuerst) über einem Trinkhalm, einem dünnen Bleistift oder zwischen den Fingern straff bis zur Spitze auf.

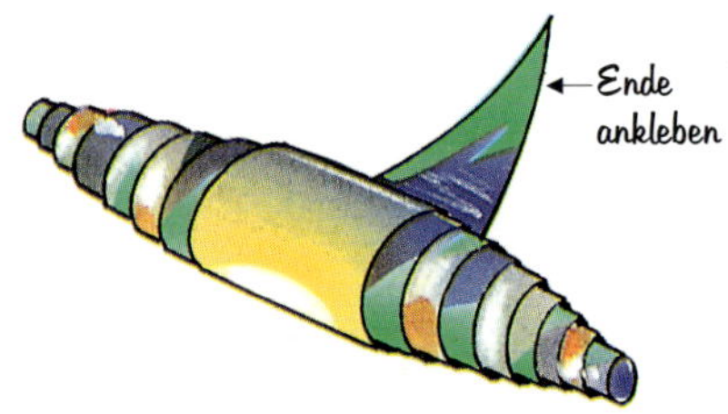

3 Gib einen Tropfen Kleber auf die Spitze und klebe sie an. Für ein Collier brauchst du etwa zwölf Perlen.

4 Fädle die Perlen mit einer Nadel auf einen Faden auf. Fädle in regelmäßigen Abständen einige Fäden quer auf (Spitze durchstechen), um ein Collier wie abgebildet zu erhalten.

HEISSE TIPS

Knete dir Haarwachs oder -gel in die Haare, damit du richtig wild aussiehst. Mit wasserlöslicher Gesichtsschminke und einer alten Zahnbürste färbst du dir bunte Strähnchen.

Schau dich in Second-Hand-Läden nach poppiger Kleidung um: große Jacketts, Westen und Hemden. Mit aufgenähten Abzeichen, Gürteln und Schmuck ergeben sie das perfekte Popstar-Outfit.

DISCO!

Um so richtig abzurocken und für fetzige Tanzspiele braucht ihr eine Tanzfläche und vor allem eins: heiße Musik von euren Lieblingsstars!

BALLON-TRAMPELN

Jeder Gast bekommt einen aufgeblasenen Luftballon ums Fußgelenk gebunden. Legt euren Lieblingssong ein, und nun versucht ihr, die Ballons der anderen im Beatrhythmus zu zertreten. Wer den letzten heilen Ballon hat, gewinnt.

STARPARADE

Alle Gäste machen nacheinander jeweils einen Popstar nach. Die anderen müssen erraten, wer dargestellt wird, indem sie den jeweiligen Star bitten, eine bestimmte Bewegung – vom Tanzen bis zum Haarekämmen – so zu machen, wie das richtige Idol es tun würde. Wer richtig rät, darf als nächster Star auf die Bühne.

KLEIDER-WECHSEL

Dieses Spiel ist eine abgewandelte „Reise nach Jerusalem" für Stars, die in Eile hinter der Bühne ihre Garderobe wechseln. Lege verschiedene Sachen zum Anziehen in die Mitte des Zimmers, Hemden, Hosen, Schuhe, Gürtel oder Sonnenbrillen – aber einer deiner Gäste darf nichts mehr finden!

Während du nun Musik laufen läßt, müssen deine Gäste die Kleider umtanzen. Wenn die Musik aufhört, versucht jeder, etwas zu erbeuten und schnell überzuziehen. Wer nichts gekriegt hat, der scheidet aus.

Nun legst du einen neuen Haufen Kleider in die Mitte (wieder ein Teil weniger als Mitspieler da sind), und während alle das tragen, was sie bereits haben, beginnt das Spiel wieder von vorne.

Es geht so lange weiter, bis nur noch einer übrig ist – und der ist inzwischen bestimmt etwas merkwürdig angezogen!

DIE SNACKBAR

Damit dein Imbiß für Popstars einen musikalischen Touch erhält, verschönerst du die Tischdecke mit einer Klaviertastatur. Nimm für die schwarzen Tasten schwarzes Klebeband, das du auf lange, weiße Papierstreifen aufklebst. Lege eine weiße Tischdecke unter und die Streifen überlappend darüber.

MOHRENKOPF-MIKRO

Fädle einen Lakritzfaden durch ein Loch in der Spitze einer Eiswaffeltüte und verknote das innenliegende Ende, so daß der Lakritzfaden nicht herausrutschen kann. Das ist das Kabel.

Schneide das untere Ende eines Kokosmohrenkopfes spitz zu und drücke ihn vorsichtig in die Waffeltüte hinein – und schon hast du ein ultramodernes Mohrenkopf-Mikrophon!

TROMMEL-HÄHNCHEN

Nimm eine runde Keksdose aus Blech und beklebe den Deckel und den Boden mit Pergamentpapier, so daß sie aussehen wie Trommelfelle.

Die Seiten der Trommel werden mit rotem Krepppapier verkleidet und mit Alufolienstreifen wie eine Trommel verziert.

Auf der Trommel werden nun gebratene Hähnchenkeulen (möglichst paniert) wie Trommelstöcke serviert. Jede Keule wird mit einem breiten Streifen aus roter, eingeschlitzter Papierserviette und einem glänzenden Alustreifen dekoriert.

Dazu passen bunte Nudeln, in Öl geschwenkt, mit Tomatensauce als Beilage. Wenn ihr Pergamentpapier oder Klarsichtfolie unterlegt, gibt es keine Fettflecke, und ihr könnt nach dem Essen richtig lostrommeln.

COCKTAILS

Fülle Orangen-, Kirsch- oder Waldmeistersaft in hohe Gläser und gib farblich passende Eiscremekugeln dazu. Dekoriere die Cocktails mit Trinkhalmen und Zitronenscheiben.

SCHRÄGER OTTO

Stelle ein Trinkglas schräg in eine Plastikschüssel, so daß der Rand sicher aufliegt. Rühre farbige Götterspeise an, laß sie ein wenig abkühlen und gieße sie vorsichtig ins schräggestellte Glas. Wenn sie richtig steif ist, drehst du das Glas in der Schüssel auf die andere Seite und gibst eine zweite, andersfarbige Götterspeise dazu.

Wenn auch die zweite Schicht steif ist, füllst du Schlagsahne dazwischen. Das ganze geht auch mit Vanille- und Schokopudding. Mache aber auf jeden Fall immer mehrere Gläser gleichzeitig fertig.

TORTEN-BLITZ

Was du brauchst:
150 g Müslikugeln (z.B. Corn Pops)
25 g Butter
25 g goldgelben Sirup
75 g Kokosraspeln
etwa 20 Erdbeeren und 2-3 Bananen
1 Stück Orange
Zitronensaft

1 Laß die Butter in einem Topf bei geringer Hitze schmelzen, füge Sirup und Müslikugeln zu, rühre langsam um, bis die Kugeln goldgelb sind.

2 Gieße die Mischung in eine runde Form und streiche sie glatt, so daß der Boden der Form bedeckt ist. Streue anschließend die Kokosraspeln gleichmäßig darüber.

3 Zeichne mit einem Messer wie abgebildet einen Blitz in die Oberfläche ein und lege die gesamte Blitzform mit vielen dünnen, länglichen Erdbeerstreifen aus.

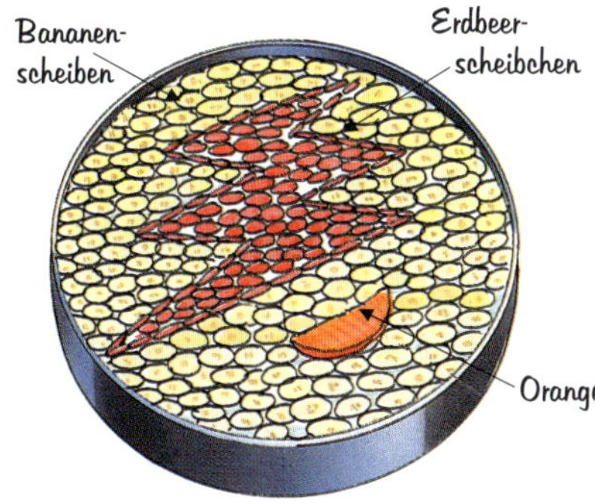

4 Nun schneidest du die Bananen in dünne Scheiben und legst die ganze restliche Oberfläche um den Blitz herum damit aus; laß dabei ein kleines Stück für das Stück Orange frei. Tische den Tortenblitz gut gekühlt auf und serviere dazu jede Menge Schlagsahne oder Vanilleeis.

POPCORN-TÜTEN

Rolle bunte Popstarbilder zu Tüten zusammen, fülle Popcorn hinein und gib sie deinen Gästen als Wegzehrung mit nach Hause.

Dschungelparty

Wilde, exotische Tiere bevölkern den Dschungel: majestätische Löwen, geschmeidige Leoparden, träge Krokodile und lustige Zebras. Kreppapier- und Blätterlianen hängen von der Decke herab, dazwischen ringeln sich züngelnde Schlangen. Im Hintergrund ertönen geheimnisvolle Tier- und Vogelstimmen.

Ringelschlange

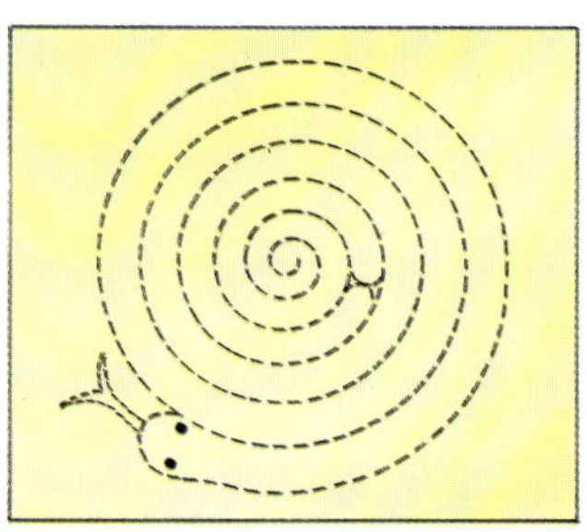

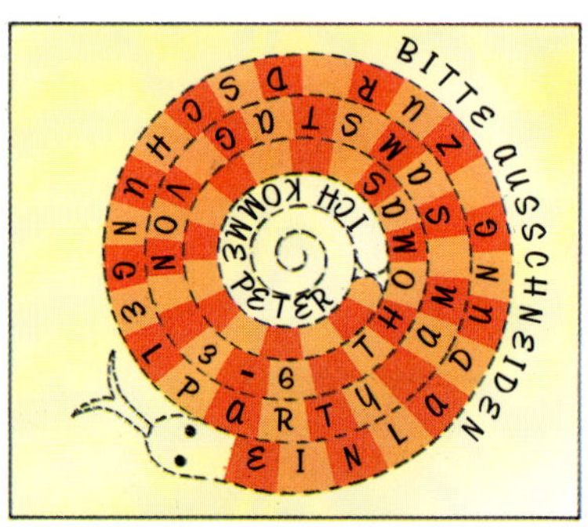

Schlange aufhängen

1 Nimm ein quadratisches Blatt Papier, das in einen Umschlag paßt, und zeichne darauf mit gestrichelten Linien eine geringelte Schlange mit gespaltener Zunge wie abgebildet.

2 Schreibe die Namen deiner Gäste und die wichtigen Details deiner Party in den gewundenen Schlangenkörper. Daneben schreibst du: „Bitte an der gestrichelten Linie entlang ausschneiden!“

3 Stecke die Einladungen in Umschläge und und überreiche sie deinen Freunden. Wenn sie die Vorlage wie abgebildet ausschneiden, entsteht eine Schlange, die sie aufhängen können.

Krokodilkappe

Was du brauchst:
einen großen Bogen weißes Tonpapier
grünes Kreppapier, Filzstifte in Gelb und Schwarz
Schere, Klebeband, Klebestift

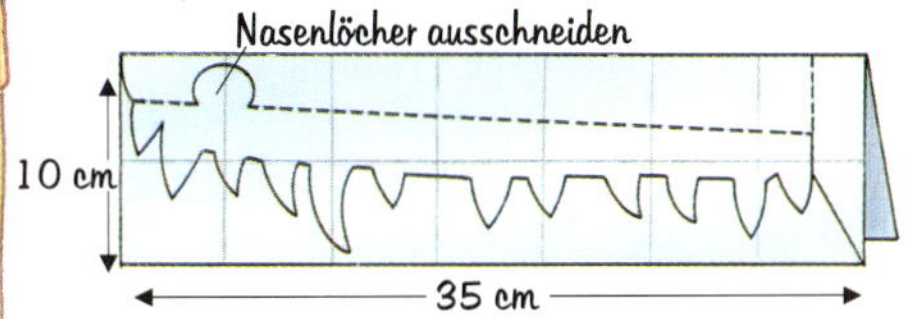

1 Zeichne mit Hilfe eines Rasters diesen Oberkiefer auf das weiße Tonpapier, das du vorher einmal zur Hälfte gefaltet hast. Schneide die Form aus und benutze sie als Schablone für den Unterkiefer.

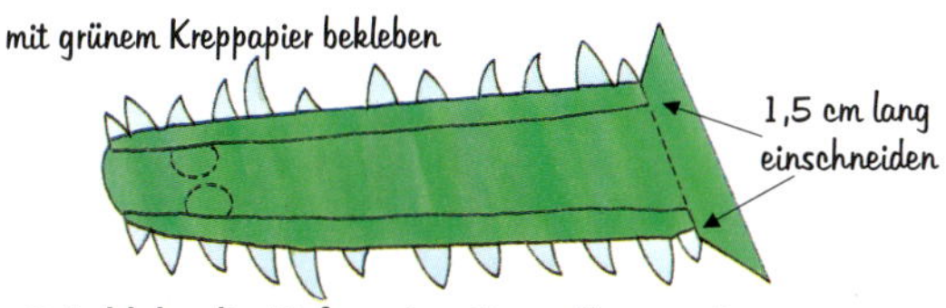

2 Beklebe die Kiefer mit grünem Kreppapier, die Zähne bleiben weiß.

3 Schneide einen 3 cm breiten Tonpapierstreifen zu, der um deinen Kopf herumpaßt. Klebe einen etwa 24 cm breiten Kreppapierstreifen herum und klebe das Stirnband am Oberkiefer fest.

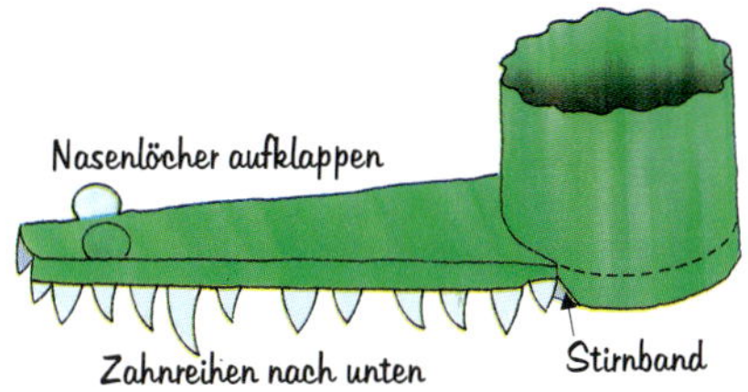

4 Schneide die beiden Kieferseiten je 1,5 cm weit ein und klappe den Kiefer um und die Zahnreihen entlang der gestrichelten Linie nach unten. Klappe die Nasenlöcher nach oben.

5 Raffe das Kreppapier für die Kappe innen so zusammen, daß es paßt, und klebe es zusammen. Schneide das Stirnband rechts und links waagerecht ein und stecke bunt bemalte Pappaugen hinein. Innen festkleben.

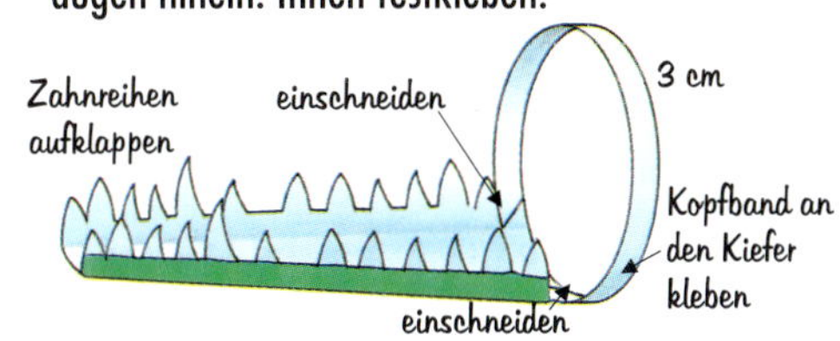

6 Schneide aus grünem Tonpapier ein 3 cm breites Kopfband aus, das um dein Kinn herumpaßt. Klebe es am Unterkieferende fest. Schneide den Unterkiefer neben dem Band 1,5 cm lang ein und klappe die Zahnreihen nach oben. Jetzt kannst du sie gelb anmalen.

Krokodilschwanz

Was du brauchst:
mehrere Bogen festes Zeichenpapier
grünes Kreppapier
Schere, Cutter, Heftzange
Klebeband und Klebestift

1 Schneide aus einem Papierbogen ein 30 x 40 cm großes Rechteck aus.

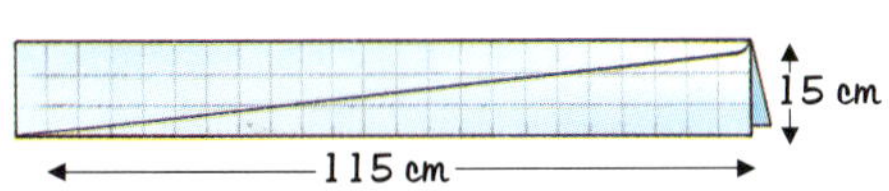

2 Klebe so viele Papierbogen aneinander, daß ein 115 x 30 cm großer Streifen entsteht. Falte ihn einmal längs und schneide ihn wie abgebildet zu einem spitzen Dreieck zu. Klebe das Rechteck und das Dreieck aneinander.

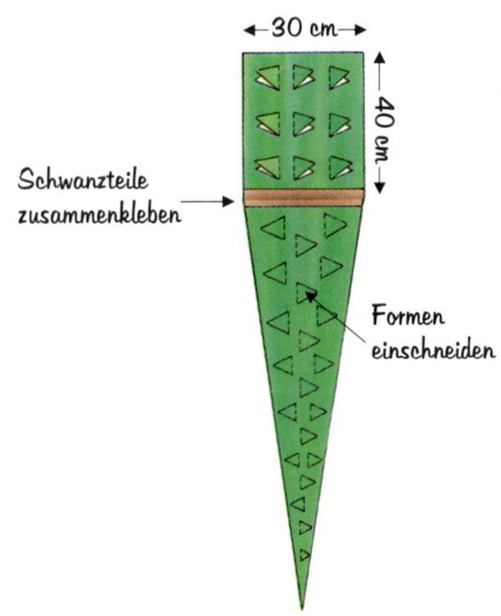

3 Beklebe die zusammengeklebten Schwanzteile mit grünem Kreppapier. Schneide nun mit dem Cutter über die ganze Länge mehrere Reihen V-förmiger Schuppen ein, die du gelb anmalen kannst.

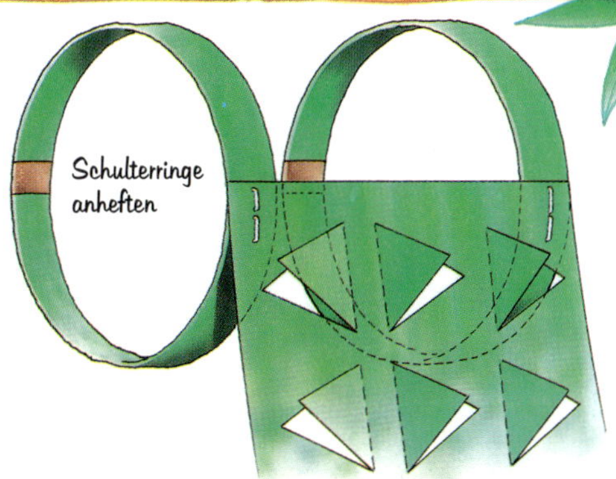

4 Schneide für die beiden Schulterringe zwei 60 x 20 cm große Streifen aus. Falte sie zweimal längs, so daß sie schließlich nur noch 5 cm breit sind. Klebe sie zu passenden Ringen zusammen und hefte an jeder Seite des Schwanzoberteils einen Streifen fest. Das sind die Halterungen für die Krokodilshaut.

Löwenmähne

Was du brauchst:
zwei Streifen gelbes Tonpapier (3 cm breit und so lang, daß sie um den Kopf passen)
zwei Bogen gelbes Kreppapier (75 cm breit und so lang wie die Tonpapierstreifen)
zwei Bogen gelbes Kreppapier (25 cm breit und so lang wie die Tonpapierstreifen)
1 m gelbes Schleifenband
Schere und Heftzange

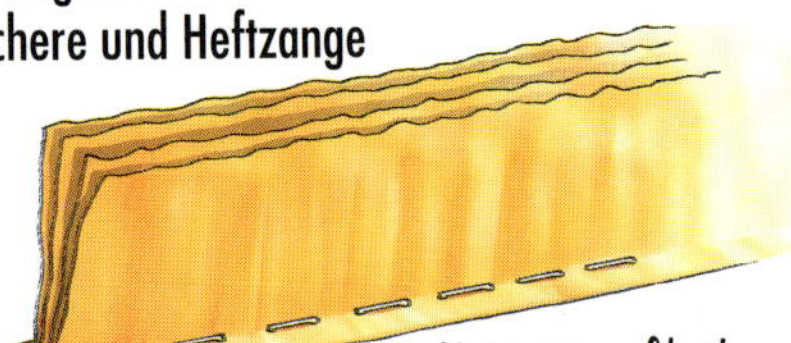

1 Lege die beiden 75 cm breiten Kreppapierbogen aufeinander und darauf längs einen Tonpapierstreifen. Falte das Kreppapier wie abgebildet herum und hefte es auf beiden Seiten fest.

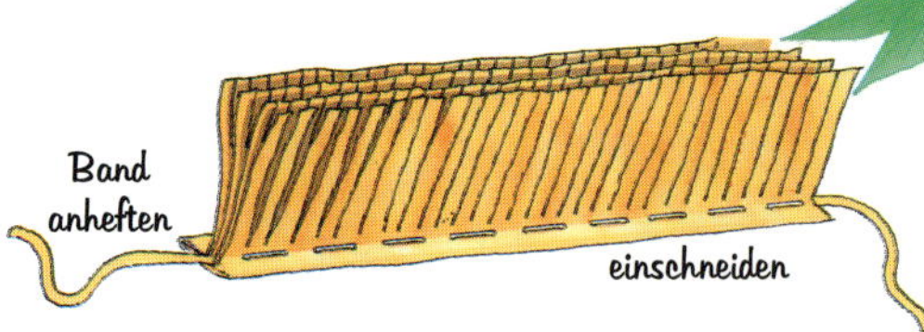

2 Schneide vom Schleifenband zwei je 25 cm lange Stücke ab und hefte sie an den Streifenenden fest. Schneide dann das Kreppapier wie eine Mähne ein.

3 Der zweite Teil der Mähne entsteht genauso aus den 25 cm breiten Kreppapierbogen. Binde dir anschließend erst die kurze, dann die lange Mähne um den Kopf und verknote die Bänder unter dem Kinn. Dazu trägst du die unten abgebildete Löwenmaske.

Dschungelmasken

Zebra

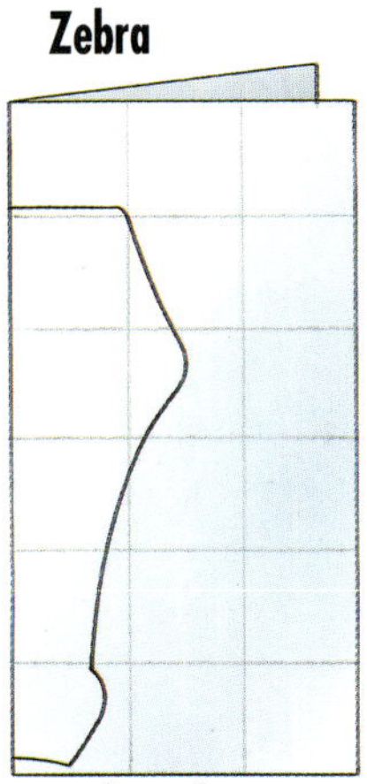

Löwe

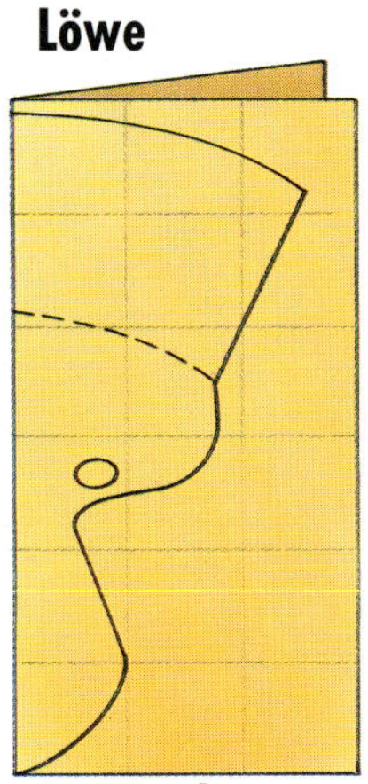

Leopard

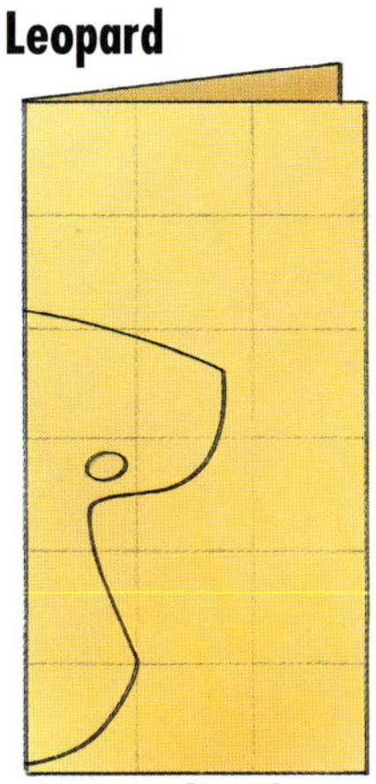

Zebraohr

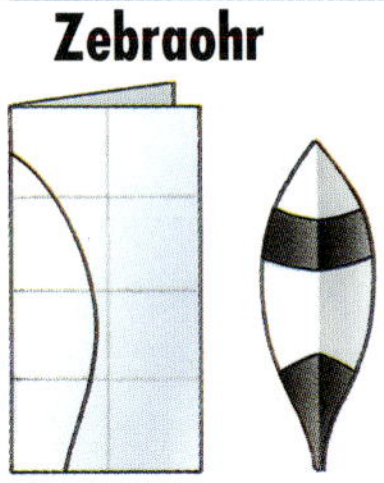

Die Quadrate in diesen Rastern messen 5 x 5 cm.

Löwenohr

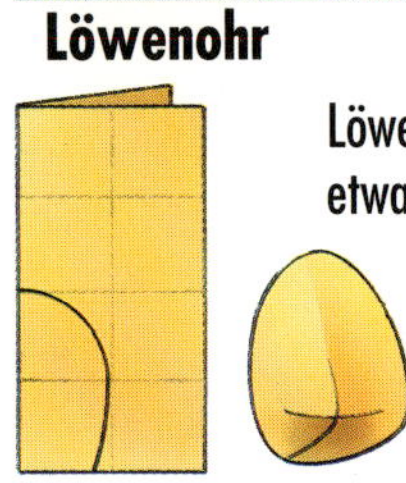

Löwenohr in der Falz etwas einschneiden und Seiten übereinanderkleben.

Leopardenohr

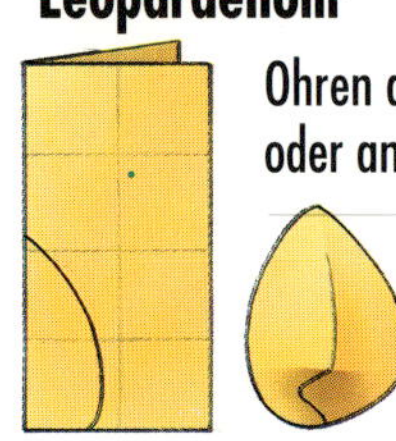

Ohren ankleben oder anheften.

Falte einen größeren Tonpapierbogen einmal in der Mitte und übertrage mit Hilfe eines Rasters die gewünschten Vorlagen für Maske und Ohren.

Falte die Maske auseinander, zeichne Augen, Nasenlöcher und andere Merkmale auf und klebe die Ohren an. Lange, dünne weiße Papierstreifen ergeben Schnurrhaare, der Löwe erhält Stirnfransen. Schneide nun Augenlöcher aus und befestige hinten an der Maske ein Gummiband.

Für das Zebra fertigst du aus weißem Kreppapier eine Kappe wie für das Krokodil (Seite 41) und klebst die Maske daran. Die Zebraohren werden am Kopfband angebracht.

Dschungeltips

Schwänze befestigt man mit der Heftzange in der Mitte eines 75 cm langen Bandes. Binde dir das Band so um den Bauch, daß der Schwanz nach hinten zeigt.

Krokodile tragen ein langärmeliges grünes T-Shirt und grüne Strumpfhosen, Leoparden und Löwen das gleiche in Gelb oder Braun. Auf das Leopardenkostüm klebst du Flecken aus schwarzem Klebeband und darauf wiederum orangefarbene Tupfer aus Tonpapier.

Ein Zebra braucht ein schwarzweiß gestreiftes Oberteil und eine weiße Strumpfhose, auf die Streifen aus schwarzem Klebeband geklebt werden. Trage dazu schwarze Schuhe und Handschuhe als Hufe.

Zebramähne

Was du brauchst:
weißes und schwarzes Tonpapier
Klebeband, Heftzange, Schere

1 Schneide 10 x 21 cm große Rechtecke aus, und zwar fünf aus schwarzem und vier aus weißem Tonpapier. Klebe wie abgebildet abwechselnd schwarze und weiße Rechtecke mit den Längsseiten aneinander.

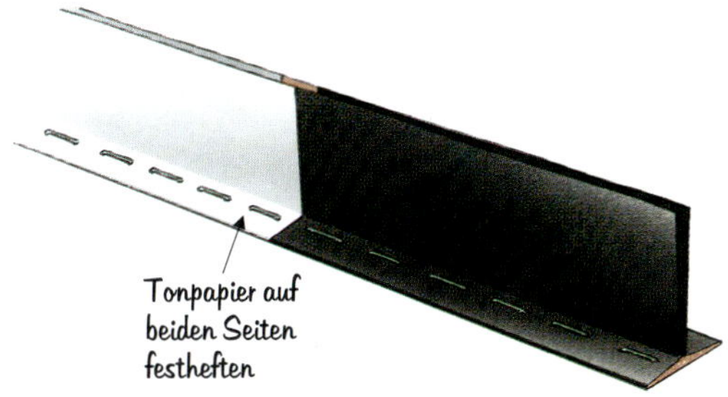

2 Klebe einen langen Klebebandstreifen der Länge nach in die Mitte des schwarzweißen Streifens, falte das Tonpapier darüber und hefte es auf beiden Seiten fest.

3 Schneide schmale Streifen ein, damit es eine richtige Mähne wird, und befestige die Mähne mit Klebeband an der Zebrakappe (wie Krokodilkappe, Seite 41).

Zebraschwanz

Was du brauchst:
weißen Fotokarton
schwarzes Tonpapier
schwarzes Klebeband
Klebeband
Schere

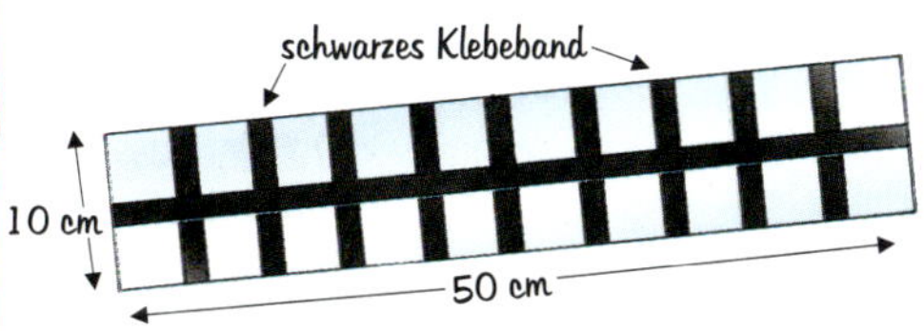

1 Klebe schwarzes Klebeband längs auf einen 10 x 50 cm großen Streifen aus weißem Fotokarton. Klebe dann im Abstand von je 5 cm schwarze Querstreifen auf.

2 Falte den Streifen einmal längs und schneide der Falte entlang im Abstand von je 5 cm schräge Schlitze ein.

3 Falte den Streifen auseinander und biege die Längskanten so nach innen, daß sie sich überlappen. Klebe sie mit Klebeband aneinander.

4 Quaste: Klebe einen 25 x 30 cm großen Streifen schwarzes Tonpapier um die letzten 5 cm des Schwanzes und schneide ihn in dünne Streifen.

Leoparden- und Löwenschwanz

Was du brauchst:
gelben Fotokarton
gelbes Kreppapier
weißes Papier
Klebeband, Schere

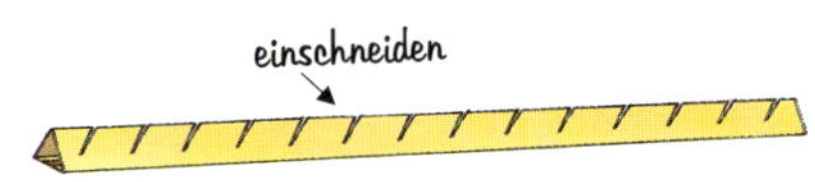

1 Du brauchst für jeden Schwanz einen 10 x 80 cm großen Streifen gelben Fotokarton. Wiederhole Schritt 2 und 3 des Zebraschwanzes, biege den Schwanz aber leicht nach oben.

2 Einen Streifen gelbes Kreppapier um den Schwanz kleben und einschneiden.

3 Für den Leopardenschwanz schneidest du ein 12 x 12 cm großes Quadrat aus weißem Papier aus, klebst es um den Schwanz und schneidest es wie abgebildet leicht gebogen, aber spitz zu. Schneide den unteren Rand wie in der Abbildung oben schräg ein.

Dschungelfieber

Dschungelhappen und Drinks werden am besten in weit geöffneten Froschmäulern oder Buschkörben serviert. Wenn du keine Vogel- oder Tierstimmenkassette hast, können deine Gäste mit Töpfen und Pfannen für stimmungsvolle Buschtrommeluntermalung sorgen.

Froschmäuler

Falte einen einfachen grünen Pappteller einmal in der Mitte fest zusammen und hefte die Seiten direkt neben der Falte je einmal mit der Heftzange fest – fertig ist das geöffnete Froschmaul.

Schneide für jeden Frosch aus grünem Tonpapier zwei Füße mit jeweils vier Zehen aus. Klebe bunte Kreise als Augen auf und in das Maul einen langen Streifen orangefarbenes Tonpapier als Zunge. Du kannst dem Frosch auch eine angespitzte Möhre ins Maul stecken. Anschließend füllst du Erdnüsse und andere Leckereien hinein.

Buschkörbe

Was du brauchst:
Pappbecher
grünes Krepp- und Tonpapier
Klebeband und Schere

1 Wickle einen grünen Kreppapierstreifen zweimal um den Becher herum. Er sollte so breit sein, daß er am oberen Becherrand 12 cm übersteht. Klebe den Streifen fest.

2 Schneide den überstehenden Kreppapierrand in Streifen, die wie lange Blätter herabfallen.

3 Klebe oder hefte einen 3 x 20 cm großen Streifen Tonpapier innen fest. Schreibe den Namen des jeweiligen Gastes darauf. Bastle für jeden Gast einen solchen Korb. Fülle die Körbchen mit Leckerbissen und gib sie deinen Freunden nach der Dschungelparty mit nach Hause.

Als Proviantkörbe sind große Pappbecher am besten geeignet. Als Trinkbecher solltest du kleine Becher in Körbe verwandeln, den Henkel weglassen und Trinkhalme hineinstecken.

Affenzirkus

Die drei hier gezeigten lustigen Dschungelspiele sollten gut vorbereitet werden, und es wäre schön, wenn ein Erwachsener dir bei der Durchführung helfen könnte.

Bananenjagd

Teile deine Gäste in mehrere Affenteams ein. Hänge für jedes Team eine Banane auf. In einigem Abstand von der Banane werden je einem Affen aus jedem Team die Augen verbunden.

Er muß sich ein paar Mal im Kreis drehen und dann versuchen, die richtige Banane zu ergattern und zurück zur Startposition zu bringen. Die anderen Mitglieder des Teams dürfen ihm dabei helfen, indem sie „links", „rechts" usw. brüllen. Es gewinnt das Team, dessen Affe die Banane als erster ins Ziel bringt.

Tierbabys

Zwei Gäste müssen so tun, als wären sie Tierbabys. Beide bekommen ein Lätzchen umgebunden und knien sich auf dem Boden in 30 cm Abstand voreinander hin. Kleidung und Boden sollten vorsichtshalber abgedeckt sein. Es gibt bestimmt Kleckereien.

Nun werden den Babys die Augen verbunden, und eines bekommt einen Löffel Götterspeise verkehrt herum in den Mund gesteckt. Es muß versuchen, sein Gegenüber zu füttern! Es spielen mehrere Teams, und gewonnen hat, wer als erster einen Treffer erzielt.

Dschungellärm

Für dieses Spiel braucht man mindestens sechs Leute, und es muß eine gerade Zahl von Mitspielern sein. Als Spielvorbereitung schreibst du für jeden Gast einen Tiernamen, z.B. Löwe, Affe, Schlange oder Wildschwein, auf ein Kärtchen. Jedes Tier sollte in gleicher Anzahl vertreten sein, du brauchst also bei 16 Teilnehmern vier Löwen-, vier Affen-, vier Schlangen- und vier Wildschwein-Karten. Bitte einen Erwachsenen, alle Karten vor dem Spiel so im Partygelände zu verstecken, daß sie einigermaßen leicht zu finden sind.

Sage deinen Mitspielern, wie viele Karten es jeweils für eine Herde gibt, und schicke sie auf die Suche.

Sprechen können Tiere natürlich nicht. Daher wird jedes erbeutete Kärtchen mit einem gewaltigen Schrei in der jeweiligen Tiersprache bejubelt, um die Artgenossen ausfindig zu machen. Es gewinnt das Team, das als erstes vollständig ist.

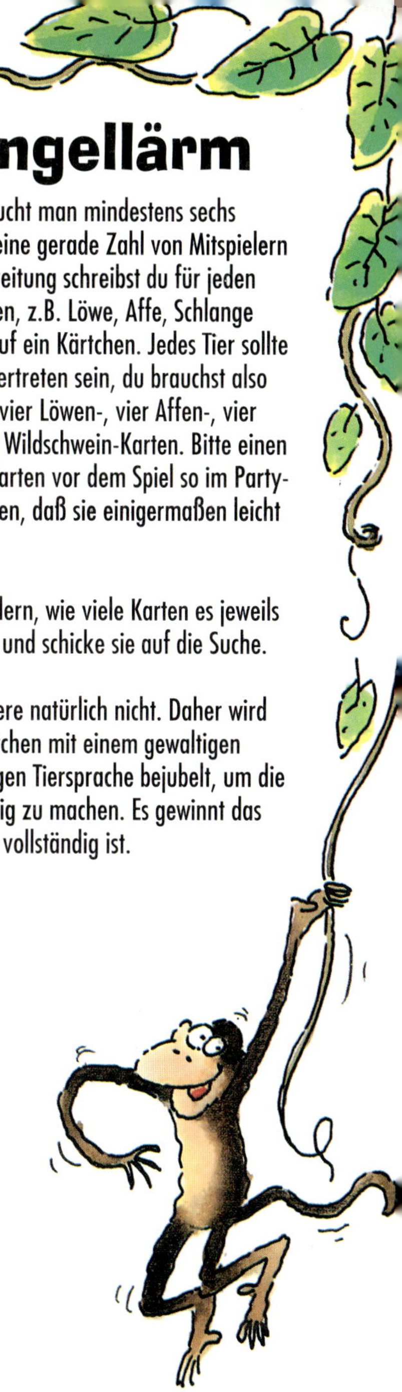

Raubtierfütterung

Verwandle den Tisch in eine Urwaldlandschaft: Lege eine grasgrüne Decke auf, breite ein Gewirr von Blättern und exotischen Salatbäumen aus, und dann futtert ihr euch durch alle nur denkbaren Dschungelköstlichkeiten hindurch bis hin zum sagenhaften Piranhasumpf!

Bananenvögel

Schneide eine geschälte Banane quer durch. Schneide einen kleinen Schlitz in die Spitze und stecke ein dünnes Apfelstück hinein. Stecke anschließend ein oder zwei Eisstiele in das andere Ende der Banane.

Tauche mehrere solcher Bananen in Joghurt und wälze sie in Liebesperlen.

Vor dem Servieren bringst du die Augen an: Schneide eine blaue Weintraube in zwei Hälften. Stecke die eine Hälfte auf einen Zahnstocher und drücke diesen vorsichtig durch den „Vogelkopf“. Brich das herausragende Ende so ab, daß du die zweite Traubenhälfte noch draufstecken kannst. Nehmt den Zahnstocher vor dem Essen heraus!

Seerosen und schwimmende Blätter

Bitte einen Erwachsenen, die Hälften einer Pflaume kronenförmig zur Seerosenblüte zuzuschneiden. Schneide eine Kiwi in dünne Scheiben und schneide aus diesen „Blättern“ ein schmales „V“ von der Mitte bis zum Rand heraus. Bevor sich alle zu Tisch begeben, setzt du vorsichtig ein paar Seerosen und Seerosenblätter auf den Piranhasumpf (siehe Seite 47).

Salatbäume

Schäle eine Mohrrübe und schneide die Enden ab. Schneide einen 1 cm tiefen Schlitz in das dünnere Ende und mehrere schräge Schlitze in die Seiten der Mohrrübe.

Schneide das Innere einer Gurkenscheibe so als Ständer aus, daß die Möhre gerade hineinpaßt, und stecke je ein Salatblatt in jeden der Mohrrübenschlitze. Du kannst Salate in verschiedenen Formen und Farben verwenden – das wirkt besonders gut!

Piranhasumpf

Was du brauchst:
Götterspeise
blaue und grüne Lebensmittelfarbe
eine große runde Form aus Alufolie
115 g Butterzuckerguß
Kokosraspel
Schokoriegel

1 Bereite die Götterspeise zu wie auf der Packung angegeben. Füge ein paar Tropfen blaue Lebensmittelfarbe hinzu.

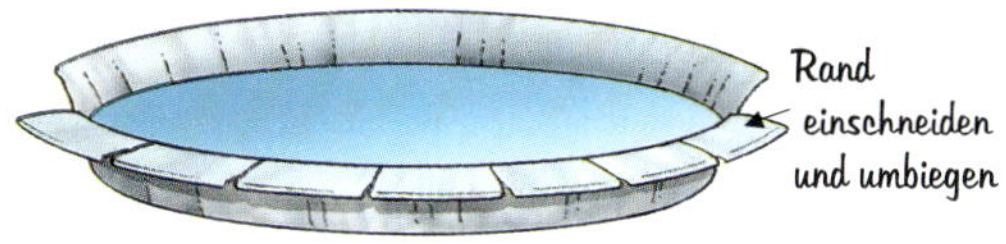

2 Fülle die Götterspeise in die Form und laß sie auskühlen. Wenn sie hart ist, schneidest du den Rand der Aluform ein und biegst ihn wie abgebildet um.

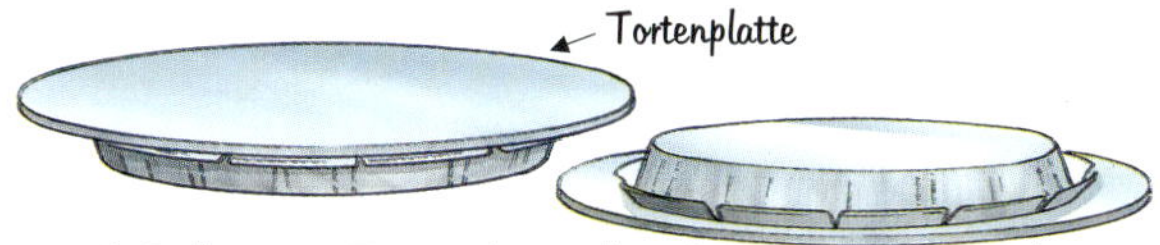

3 Stülpe eine Tortenplatte über die Götterspeise und stürze sie vorsichtig.

4 Erwärme den Aluboden so lange mit einem Fön, bis der Deckel sich mühelos abheben läßt. Du kannst die Form auch kurz mit heißem Wasser übergießen.

5 Fertige Zuckerguß an (siehe Seite 11) und füge grüne Lebensmittelfarbe hinzu. Träufle ihn um den Sumpf herum auf die Tortenplatte und streue grün gefärbte Kokosraspeln (siehe Seite 24) darüber. Setze die Schokoriegel an die richtige Stelle am Rand, schmücke den Tümpel mit einem Frosch und setze eine Seerose mit Blättern darauf.

Und wo sind die Piranhas? Im Verborgenen natürlich! Tunke daher deine Finger lieber nicht in den Sumpf ...

Köstliche Kriechtiere

Halbiere eine Gurke (oder Möhre) der Länge nach, schneide die Gurke an einem Ende ein und stecke je eine halbe Gurkenscheibe hinein.

Als Stielaugen und Beine steckst du Zahnstocher hinein. Stecke blaue Weintrauben als Augen und kleine Käse-, Melonen-, Schinken-, Gurken- oder Ananasstückchen als Füße auf die Zahnstocher. Auf diese Weise kannst du viele verschiedene Tausendfüßer zubereiten.

Erfrischungsfrüchte

Schneide für jeden Anwesenden von einer Orange jeweils das obere Viertel als Deckel ab. Kratze das Fruchtfleisch heraus und gib es in einen Mixer. Du kannst zum Zerkleinern auch einen Pürierstab benutzen.

Mixe für jede Orange eine Kugel Vanilleeis unter. Fülle die Flüssigkeit in die Orangenschalen und stelle sie kalt. Stich in den Deckel der Orangen je ein Loch und serviere diesen leckeren Frucht-Eis-Brei mit einem farbigen, abknickbaren Trinkhalm.

Urwaldtiere

Bestreiche Toast oder Graubrotscheiben mit Butter, Frischkäse, Streichwurst, Erdnußbutter oder Schokoladencreme. Lege jeweils eine zweite, unbestrichene Brotscheibe darauf und schneide nun Tierfiguren aus.

Anschließend kannst du die Tiere auch noch dekorieren (siehe Seite 10). Verteile sie auf dem Partytisch oder fülle jedem Gast ein paar davon zum Mitnehmen in ein Froschmaul.

PARTYKNÜLLER-EXTRASEITE

Damit deine Gäste gleich wissen, daß sie an der richtigen Adresse sind, bringst du an der Haustür ein dekoratives Element an, Luftballons, eine Fahne oder ein Plakat, das zum Motto paßt.

KÜCHENTIPS

Gläserränder kann man zur Verzierung erst in einen Teller mit Zitronensaft, dann in einen mit Puderzucker oder Kokosraspel tauchen.

Geschnittene Obstscheiben bleiben ansehnlich und frisch, wenn man sie mit ein paar Tropfen Zitronensaft beträufelt und kaltstellt.

Eistütenwaffeln lassen sich leichter mit Zuckerguß überziehen, wenn man sie auf einen Bleistift oder einen Löffelstiel steckt.

Bereite immer nur so viele Speisen vor, wie du für die Party benötigst. Dann bleiben keine Reste übrig.

GIRLANDEN

Falte bunte Papierservietten zu Dreiecken, hänge sie über eine quer durch den Raum gespannte Schnur und hefte sie fest.

PLANETEN

Aus einfachen Luftballons werden kreisende Planeten – eine Zierde für Diskos und Weltraumparties! Eine Schnur fest um das äußere Ende eines länglichen Ballons knoten, aufblasen, anderes Ende zubinden, zum Ring zusammenbinden und um einen runden Ballon herumlegen. Anschließend Klebstoff auftragen und mit Flitter bestreuen.

AUSGEFALLENE ANSTECKER

Langweilige alte Anstecker werden aufgepeppt, indem man sie mit Bildern beklebt, die man aus Illustrierten ausgeschnitten hat. Es können die Gesichter von Popstars, Tiergesichter, Blumen oder tolle Muster sein. Am besten eignen sich kleine Bilder, die ganz auf dem Anstecker Platz haben.

POSTER

Schneide dir aus Illustrierten und Katalogen Bilder aus, die zum Motto deiner Party passen, und klebe sie auf große Papier- oder Stoffbogen auf. Mit diesen Postern schmückst du den Partyraum. Macht ein Spiel daraus, wer die meisten Popstars oder Tiere erkennen und benennen kann.

HÜBSCHE TISCH-KÄRTCHEN

Vielleicht möchtest du schon vorher festlegen, wer neben wem sitzen sollte. Denke dir Kärtchen aus, die zum Partythema passen, und schreibe mit großen, bunten Buchstaben die Namen der Gäste darauf – so sieht jeder auf den ersten Blick, wo er hingehört.